FRANZ JALICS

Die Geistliche Begleitung im Evangelium

FRANZ JALICS

Die Geistliche Begleitung im Evangelium

echter

Bibliografische Information der Deutschen Nationalbibliothek
Die Deutsche Nationalbibliothek verzeichnet diese Publikation in der Deutschen Nationalbibliografie; detaillierte bibliografische Daten sind im Internet über http://dnb.d-nb.de abrufbar.

5. Auflage 2025

In der Bonifatius GmbH
Echter Verlag | Dominikanerplatz 8 | 97070 Würzburg
Tel. 0931 66068-0 | info@echter.de | www.echter-verlag.de
Umschlag: Peter Hellmund (© Bild und Foto: Sr. Heidrun Bauer SDS, Heilige GeistesKraft, 2002, Acryl-Mischtechnik auf Leinwand, 70 × 100 cm)
Druck und Bindung: Rudolph Druck GmbH & Co.KG, Schweinfurt
ISBN 978-3-429-03482-5

Inhalt

Drittes Kapitel

Die Stille

Viertes Kapitel

Das Sein

Einleitung

In diesem Buch möchte ich zeigen, wie Jesus Menschen geistlich begleitet hat. Jesus ruft uns, damit unser Leben hier auf Erden ein Weg zum Vater wird. Weil dieser Weg lang ist und ganz verschiedene Etappen hat, beruft uns Jesus immer neu, nur für die nächste Wegstrecke. Auch so ist es noch ein steiler Pfad. Jesus fängt mit den Zehn Geboten an. Dazu hat Gott schon durch Mose gerufen. Jesus identifiziert sich ganz mit der Notwendigkeit, zuerst den Weg der Gebote zu gehen. Anschließend ruft er uns noch drei Mal hintereinander zu neuen Etappen. Sie sind spirituelle Wege. Es sind nicht entgegengesetzte Wege, die einander ausschließen, sondern sie folgen aufeinander, wie sich an die Jugendjahre das Erwachsenenalter anschließt und wie den Zeiten des kreativen Schaffens das Leben des Greises folgt. Diese vier Wege führen zu einer Vertiefung der Beziehung zu Jesus Christus. Jeder Schritt bringt eine neue Entdeckung, eine neue Wende: Jesus wird tiefer erkannt, und der vorher schon entdeckte Weg wird auf eine ganz besondere Weise vervollständigt. Es bringt auch jede Wegstrecke eine neue Herausforderung für die Berufenen.

Der Leser und die Leserin könnten fragen, worin der Unterschied in diesen Spiritualitäten besteht. Die Besonderheiten sind in den Verhaltensweisen und in den Gebetsformen gut erkennbar. Auf einer tieferen Ebene zeigen sie, wieweit Jesus Christus seinen Platz im Zentrum unseres Lebens eingenommen hat und wie wir uns Gott, dem Vater, schon genähert haben.

Jede der vier Berufungen stellt uns neue Aufgaben. Was

noch viel direkter die Begleiterinnen und Begleiter als die Begleiteten betrifft. Um zu zeigen, wie diese Aufgaben heute aussehen können, mache ich in jedem Kapitel einige Anmerkungen. Diese wollen nicht eine Unterweisung der Begleiterinnen und Begleiter sein, sondern nur ein konkretes Bild entwerfen, das klarer erkennen lässt, was Jesus mit diesen neuen Aufgaben erreichen will.

Am Wendepunkt von einer Spiritualität zur anderen hat Jesus – wie ich es wahrnehme – große Schwierigkeiten gehabt, die jeweils neue Perspektive verständlich zu machen und die Betroffenen zu einem neuen Aufbruch zu bewegen. So neu, so überraschend und so herausfordernd sind diese Weiterführungen.

Wie nachdrücklich Jesu Einladungen und Berufungen sind, drückt sich auch in der Anhäufung und Schärfe der Worte Jesu aus. Ich führe dazu alle relevanten parallelen Textstellen an und nummeriere sogar einige, um sichtbar zu machen, wie konsequent Jesus versucht, die Menschen zu überzeugen, den neuen Weg einzuschlagen. Ich will mich nicht entschuldigen für die vielen Textzitate, sondern die Leserinnen und die Leser vielmehr bitten, bei ihnen innezuhalten und sie auf sich wirken zu lassen; denn das wird ihnen helfen, tiefer in den Geist des Evangeliums einzudringen und Jesus Christus immer besser zu verstehen.

Ich wende mich in erster Linie an die geistlichen Begleiterinnen und Begleiter. Jesus Christus ist ein großer Meister in der Begleitung. Er ist mit der Aufgabe gekommen, uns zum Vater zu führen. Dieser Weg zum Vater ist auch der Pfad, auf dem die geistlichen Begleiterinnen und Begleiter die Menschen zu Gott, unserem Vater, leiten wollen.

Zugleich wende ich mich auch an alle Christen, weil sie alle zu Gott unterwegs sind. Sie können durch die Lektüre dieses Buches vielleicht mit mehr Klarheit erkennen, wo sie selber stehen, welche Wegstrecke sie schon zurückgelegt haben und wie lange der Pfad ist, der noch vor ihnen liegt. Außerdem ist unsere Zeit dadurch gekennzeichnet, dass die Spiritualität, die in den Klöstern verschlossen und den Priestern reserviert schien, diese Grenzen durchbrochen hat und bei allen Menschen an die Tür klopft. Man muss kein Seelsorger sein, um das Evangelium zu leben. Jesus hat das auch nicht so gedacht. Das ist wahr, auch wenn unsere hektische Welt sich von der Kirche als Institution zu entfernen scheint. Wir alle sind gerufen, Jesus Christus in die Mitte unseres Lebens zu stellen.

Ich gehe davon aus, dass der Heilige Geist, wie Jesus versprochen hat, die Jünger weiter in die Wahrheit eingeführt und dass er alle vier Evangelisten beseelt hat. Deswegen ist für diese spirituelle Schriftauslegung, der ich hier folge, nach meinem Dafürhalten die Erfahrung der Evangelisten maßgebend, wie sie sich mir aus dem kontemplativen Umgang mit den Texten erschließt.

Sie, liebe Leserin und lieber Leser, werden die Texte der Heiligen Schrift in der Einheitsübersetzung finden. Die Texte des Evangeliums habe ich eingerückt geschrieben, damit sie sich klar von meinen eigenen Worten abheben. In den Zitaten der Schrift habe ich die für uns wichtigsten Worte oft kursiv geschrieben, um die genaue Botschaft des Textes besser herauszuheben.

In vier Kapiteln beschreibe ich die vier Spiritualitäten. In jedem Kapitel führe ich die Texte des Evangeliums an und erkläre ihren Hintergrund. In den einzelnen Kapiteln stehen diese Themen aber nicht immer in derselben Ordnung. Anschließend schildere ich jeweils kurz, wie die geistlichen Begleiterinnen oder Begleiter nach meiner Erfahrung heute diese Aufgaben angehen können. Am Ende jeden Kapitels resümiere ich, worin der Fortschritt zur vorherigen Spiritualität besteht und was auf jeder Stufe noch einer Weiterentwicklung bedarf.

Erstes Kapitel

Die Harmonie

I. Leben mit dem »lieben Gott«

1. Die Sehnsucht nach Gott

Alle drei Synoptiker erzählen die Begegnung Jesu mit dem jungen reichen Mann:

> »Als sich Jesus wieder auf den Weg machte, lief ein Mann auf ihn zu, fiel vor ihm auf die Knie und fragte ihn: Guter Meister, was muss ich tun, um das *ewige Leben* zu gewinnen?« (Mk 10,17–31; Mt 19,16–30; Lk 18,18–30).

Der junge Mann kommt und bittet um Wegweisung zum ewigen Leben. Das ewige Leben ist das Leben Gottes, ist Gott selbst. Damit bittet er um geistliche Begleitung; denn die Aufgabe des geistlichen Begleiters ist es, den Weg zum ewigen Leben, zu Gott, zu ebnen.

Im Grunde der Seele eines jeden Menschen schlummert eine Sehnsucht nach Gott. Es ist das eingeborene Wissen, dass unsere Heimat nicht auf dieser Erde, sondern in Gott ist. Bei ihm sind wir zuhause.

Diese Sehnsucht ist kein Wunsch. Der Wunsch will besitzen, Ansprüche befriedigen und Ziele erreichen, die zu unserer begrenzten Welt gehören. Ich wünsche ein Stück Brot oder ich wünsche, dass es schönes Wetter wird, dass ich reich werde oder dass ich in einer Diskussion Erfolg habe. Der Wunsch bezieht sich auf etwas, was ich haben will. Er dient dem Ich. Ich kann etwas leidenschaftlich wünschen, und wenn ich es bekommen oder erreicht habe, hört der Wunsch auf.

Die Sehnsucht hat eine andere Qualität. Ihre Quelle liegt

tiefer. Sie hat ihren Ursprung in unserem Seelengrund und richtet sich immer auf unsere definitive Heimat, auf das ewige Leben, auf Gott. Die Sehnsucht sucht danach, sich zu schenken und sich Gott hinzugeben. Der heilige Augustinus drückt diese Wahrheit schön aus: »Unser Herz ist unruhig, bis es ruht in Dir.«

Die Suche nach dem ewigen Leben hängt von dieser Sehnsucht ab. Sie wacht meistens viel später auf als unsere Wünsche, sie gibt uns Kraft zum geistlichen Weg und hört nicht auf, bis wir ganz in Gott sind.

Der Verbrecher neben dem Kreuz Jesu hat eine starke Sehnsucht nach dem ewigen Leben. Er sagt: »Jesus, denk an mich, wenn du in dein Reich kommst« (Lk 23,42). Er bittet nicht darum, dass Jesus ihn vom Kreuzestod befreie. Er hat die Perspektive dieses Erdenlebens spät, aber dafür ganz hinter sich gelassen und ist einzig auf das ewige Leben ausgerichtet. Jesus versichert ihm, dass er noch am selben Tag mit ihm im Reich ankommen werde.

Die Sehnsucht entwickelt sich in jedem Menschen auf verschiedene Weise. Sie kann sehr früh, in der Kindheit, erwachen. Je stärker sie wird, umso mehr orientiert und führt sie uns von innen her zum Ewigen. Bei anderen erwacht sie nur zögerlich, und sie machen Umwege im Leben, weil sie den eigentlichen Weg noch nicht erkannt haben. Ich habe dieses späte Erwachen der Sehnsucht öfter bei Menschen beobachtet, die in der Krise der Lebensmitte sind. Sie haben einen Beruf erlernt und eine Familie gegründet. Zehn bis fünfzehn Jahre lang haben sie zufrieden in ihrem Beruf gearbeitet und sich auf dem richtigen Platz gewusst. Nach dieser Zeit, oft Anfang ihrer vierziger Jahre, steigt in ihnen langsam eine Unzufriedenheit auf. Sie sagen, dass sie in ihrem Beruf gut arbeiten, dass sie ihre Familie lieben; doch es fehlt ihnen etwas. Sie wissen zuerst nicht, was es ist. Sie befürchten, das Wesentliche zu verpassen. Es gibt unter ihnen einige, die ihre Religion schon immer praktiziert haben. Aber erst als sie später einen neuen und intensiveren Zugang zu Gott gefunden haben, ist ihnen wieder das Gefühl erwacht, dass sie auf dem richtigen Weg sind. Meist haben sie nicht einmal ihre Arbeit gewechselt, aber der Sinn ihres Lebens hat sich geändert. Inmitten des Waldes der irdischen Ziele ist in ihnen die Sehnsucht nach Gott wie die Morgendämmerung und der erste Sonnenschein aufgegangen. Das Leben hier auf Erden ist ihnen ein Übergang zur eigentlichen Heimat geworden. Der Schwerpunkt des Lebens hat sich von dieser Welt auf das Ewige verlagert.

Wenn die Heilige Schrift vom ewigen Leben, vom Himmelreich, vom Reich Gottes berichtet, über den Messias spricht, etwas über Tod und Auferstehung sagt, wenn sie etwas über Christus, über den Vater oder über den Geist mitteilt, will sie unsere Sehnsucht ansprechen.

Diese Sehnsucht ist ein Kompass, der uns auf Gott ausrichtet und uns versichert, dass Gott uns ruft und uns erwartet. Davon, wie sehr diese Sehnsucht nach Gott im Menschen geweckt ist und mit welcher Hingabe der Mensch auf diesen Ruf antwortet, hängt es ab, auf welcher geistlichen Wegstrecke er sich befindet und auf welcher er geführt werden kann.

Die Sehnsucht nach Gott, nach dem Ewigen, nach dem Absoluten bestimmt auch, wie schnell und wie ganzheitlich ein Mensch Gottes Botschafter, seine Propheten und besonders Gottes Messias erkennen wird, wieweit er sich durch sie führen lassen und sich ihnen anvertrauen kann.

Die Sehnsucht ist nicht leicht zu erkennen. Sie kann nur durch die Antwort des Menschen auf den Ruf Gottes identifiziert werden. Große Worte haben hier kein Gewicht. Es gelten nur die Worte, die vom alltäglichen Leben beglaubigt sind, und die Fakten, die für sich sprechen. Auch der Glaube an Jesus Christus ist nicht immer ein Garant, dass jemand ihn als Messias erkannt hat. Es kann sein, wie es bei vielen Menschen der Fall ist, dass man ihn nur für einen religiösen Menschen hält, der für uns Gutes will und Beispiel gibt. Der Messias ist mehr.

Jede geistliche Begleiterin und jeder Begleiter sollte einen Adlerblick für die Sehnsucht der von ihm Begleiteten entwickeln. Diese Sehnsucht bestimmt nämlich, wo er oder sie abgeholt werden können. Die Sehnsucht ist die Antenne für das ewige Leben, für Gott.

2. Die Gebote

Der junge, reiche Mann hat Sehnsucht nach Gott gespürt. Geführt von dieser Kraft, ist er zu Jesus gekommen und hat mit einer Einfachheit und Klarheit die Bitte formuliert, dass Jesus ihm den Weg zum ewigen Leben zeige. Jesus nimmt die Frage ernst und nennt ihm den ersten Schritt, der zum ewigen Leben führt:

> »Wenn du ... das Leben erlangen willst, halte die *Gebote!* Darauf fragte er ihn: Welche? Jesus antwortete: Du sollst nicht töten, du sollst nicht die Ehe brechen, du sollst nicht stehlen. Du sollst nicht falsch aussagen, ehre Vater und Mutter! Und: Du sollst deinen Nächsten lieben wie dich selbst! « (Mt 19,17–19).

Jesus nennt ihm den ersten Schritt und zeigt damit, welch große Bedeutung er den Geboten einräumt. Diese erste Berufung kommt ursprünglich nicht von Jesus, sondern von Mose. In der Bergpredigt bekennt sich aber Jesus ausdrücklich zur Einhaltung aller Gebote und ruft den jungen Mann zum Einhalten dieser Zehn Gebote Gottes. Es handelt sich um die Gesetze des Mose und der Propheten, nicht aber um die Reinigungsvorschriften der »Vorfahren«:

> »Denkt nicht, ich sei gekommen, um das Gesetz und die Propheten aufzuheben. Ich bin nicht gekommen, um aufzuheben, sondern um zu erfüllen. Amen, das sage ich euch: Bis Himmel und Erde vergehen, wird auch nicht der kleinste Buchstabe des Gesetzes vergehen, bevor nicht alles geschehen ist. Wer auch nur eines von den kleinsten Geboten aufhebt und die Menschen entsprechend lehrt, der wird im Himmelreich der Kleinste sein. Wer sie aber hält und halten lehrt, der wird groß sein im Himmelreich« (Mt 5,17–19).

Jesus erinnert die Menschen immer wieder an die Gebote. In seinen Ansprachen spricht er oft die einzelnen Gebote an. Allein in der Bergpredigt lesen wir: Du sollst nicht töten, dem Bruder nicht zürnen, ihn nicht einen Dummkopf nennen, keine Opfergabe bringen, ohne dich vorher mit dem Bruder ausgesöhnt zu haben, du sollst mit dem Gegner Frieden schließen, nicht die Ehe brechen, auf keine Frau lüstern schauen, dich nicht scheiden lassen, außer in den Fällen, die im Gesetz erlaubt sind, du sollst nicht schwören, dem, der einem auf die rechte Wange schlägt, auch die andere hinhalten und beten für die, die dich verfolgen.

Für Jesus ist das Halten der Gebote der erste und grundlegende Schritt zum ewigen Leben. Die Gebote zu halten bedeutet, eine Weltordnung anzunehmen, Gott als den

Herrn und Gesetzgeber des Universums anzuerkennen, einverstanden zu sein damit, dass er die Regeln des Lebens bestimmt. Gott als Gesetzgeber der Welt anzunehmen heißt, das Leben zu akzeptieren. Ich habe junge Leute gekannt, die nicht leben wollten. Sie haben das Leben nicht angenommen. Der Tod hat für sie nichts Bedrohliches bedeutet, weil sie nicht leben wollten. Für die Gebote haben sie nicht viel Verständnis gehabt. Ich habe erlebt, dass einige von ihnen später den Wert des Lebens entdeckt und das Leben angenommen haben. Auf einmal wollten sie leben. Zugleich ist der Tod für sie bedrohlich geworden, denn der Tod hat für sie auf einmal das Ende des Lebens bedeutet, eines Lebens, das sie nicht verlieren wollten. Mit Sterbenden konnten sie nicht umgehen, weil für sie der Tod die Zerstörung des Lebens bedeutete. Sie haben auch verstanden, dass die Zehn Gebote eine notwendige Regel waren, um hier auf Erden miteinander leben zu können. Sie haben das Leben hier auf Erden angenommen, aber noch nicht unsere eigentliche Heimat.
Es geht dabei um die vielen Menschen, die Jesus aufsuchten, die tagelang zuhörten, seine Taten bewunderten. Sie kamen mit Neugier zu ihm. Jesus zeigte viel Verständnis, Mitgefühl und Liebe für diese Menschen. Er sprach zu ihnen und heilte sie. Sie waren noch am Anfang des Weges, aber doch schon auf dem Weg. Sie akzeptierten die Welt als Schöpfung Gottes und dass Gott uns zu dieser Welt eine Gebrauchsanweisung gegeben hat: die Gebote. Der junge reiche Mann war schon auf dem Weg der Gebote und antwortete Jesus:

> »Meister, alle diese Gebote habe ich von Jugend an befolgt« (Mk 10,20).

Damit hat der junge Mann die erste Prüfung bestanden. Wir werden sehen, dass er noch weitergehen will. Er hat ja nach dem ewigen Leben gefragt.

3. Gott und die Welt sind in Harmonie

Die Zehn Gebote stehen eigentlich für eine Weltordnung, eine Weltordnung der Liebe. Sie verpflichten uns zur Liebe zu Gott und zur Liebe zu den Menschen. Gott und die Welt sind in Harmonie. Wer Gott liebt, liebt die Menschen, und wer die Menschen liebt, liebt Gott. Paulus identifiziert auch die Gebote mit der Liebe:

> »Die Liebe tut dem Nächsten nichts Böses. Also ist die Liebe die Erfüllung des Gesetzes« (Röm 13,10).

In den Evangelien ist die Liebe zum Nächsten und zu Gott auch als eine einzige Liebe verstanden. Jesus bekräftigt diese Identität überzeugend, als er das Letzte Gericht beschreibt:

> »Kommt her, die ihr von meinem Vater gesegnet seid, nehmt das Reich in Besitz, das seit der Erschaffung der Welt für euch bestimmt ist. Denn ich war hungrig, und ihr habt mir zu essen gegeben; ich war durstig, und ihr habt mir zu trinken gegeben; ich war fremd und obdachlos, und ihr habt mich aufgenommen; ich war nackt, und ihr habt mir Kleidung gegeben; ich war krank, und ihr habt mich besucht; ich war im Gefängnis, und ihr seid zu mir gekommen. Dann werden ihm die Gerechten antworten: Herr, wann haben wir dich hungrig gesehen und dir zu essen gegeben oder durstig

und dir zu trinken gegeben? Und wann haben wir dich fremd und obdachlos gesehen und aufgenommen oder nackt und dir Kleidung gegeben? Und wann haben wir dich krank oder im Gefängnis gesehen und sind zu dir gekommen? Darauf wird der König ihnen antworten: Amen, ich sage euch: Was ihr für einen meiner geringsten Brüder getan habt, das habt ihr mir getan« (Mt 25,34–40).

Wenn der Mensch nach seinem Leben vor Gott stehen wird, erscheinen alle seine Handlungen den Menschen gegenüber, seien sie gut oder schlecht, so als hätte er sie gegenüber Christus getan. Besser gesagt: Es wird ihm einleuchten, dass er all das Christus getan hat.
Es kommt noch eine dritte Beziehung hinzu: die Beziehung zu sich selbst. Jesus wird gefragt, was das wichtigste Gebot sei, und er antwortet: die Liebe zu Gott, die Liebe zum Nächsten, und er fügt die Liebe zu sich selbst hinzu. Für ihn sind diese drei identisch:

»Ein Schriftgelehrter hatte ihrem Streit zugehört; und da er bemerkt hatte, wie treffend Jesus ihnen antwortete, ging er zu ihm hin und fragte ihn: Welches Gebot ist das erste von allen? Jesus antwortete: Das erste ist: Höre Israel, der Herr, unser Gott, ist der einzige Herr. Darum sollst du den Herrn, deinen Gott, lieben mit ganzem Herzen und ganzer Seele, mit all deinen Gedanken und all deiner Kraft. Als zweites kommt hinzu: Du sollst deinen Nächsten lieben wie *dich selbst*. Kein anderes Gebot ist größer als diese beiden. Da sagte der Schriftgelehrte zu ihm: Sehr gut, Meister! Ganz richtig hast du gesagt: Er allein ist der Herr, und es gibt keinen anderen außer ihm, und ihn mit ganzem Herzen, ganzem Verstand und ganzer Kraft zu lieben und den Nächsten zu lieben *wie sich selbst* ist weit mehr als alle Brandopfer und anderen Opfer. Jesus sah, dass er mit Verständnis geantwortet hatte, und sagte zu ihm: Du bist nicht fern vom Reich Gottes« (Mk 12,28–34; Mt 22,34–40; Lk 10,25–28).

Das hat eine sehr praktische Konsequenz: Die drei Beziehungen kontrollieren sich gegenseitig. Wenn einer in seiner Selbsteinschätzung meint, er liebe Gott, und er tut auch vieles für diese Liebe, liebt aber die Mitmenschen oder sich selbst nicht, muss er erkennen, dass seine Gottesliebe nicht echt sein kann; denn die drei Beziehungen laufen ganz parallel. Sie sind Spiegelbilder, so dass an einem die zwei anderen abgelesen werden können.

Dieses Prinzip hat eine sehr konkrete und universale Geltung. Wir können unsere Beziehung zu Gott immer durch unsere menschlichen Beziehungen überprüfen. Wie wir zu den Menschen stehen, so stehen wir zu Gott. Wenn ich viel in die Kirche gehe, viel bete und mich viel mit meinen geistlichen Übungen beschäftige und überzeugt bin, dass ich Gott sehr liebe, aber mich in meinen Beziehungen zu den Menschen nicht richtig verhalte, ist meine Beziehung zu Gott trotz meiner religiösen Praktiken schwer belastet und meine Beziehung zu mir selbst ist ebenso ungut.

Auch umgekehrt gilt: Wenn zum Beispiel ein Mensch, der in einer atheistischen Umgebung aufgewachsen ist, behauptet, er habe keine Beziehung zu Gott, weil Gott nicht existiere, dann brauche ich ihn nicht zum Glauben bekehren zu wollen, sondern ich muss ihn zuerst fragen, wie seine Beziehung zu den Menschen ist und wie er zu sich selbst steht. Wenn diese Beziehungen gut sind, ist auch seine Beziehung zu Gott gut. Ich muss nur herausfinden, wo sich sein Bild von Gott versteckt. Er wird ihn wohl nicht Gott nennen, weil er ihn nicht unter diesem Namen kennt. Er hat jedoch eine gute Beziehung zu ihm. Diese müsste ich entdecken, um ihm zu sagen, dass wir das Gott nennen. Sagt Jesus Christus zum Beispiel nicht, dass er das Leben ist? Ich müsste schauen, wie dieser Mensch zum Leben selbst steht, denn so steht er zu Gott.

Ich sollte noch über die Proportionen sprechen. Es kann sein, dass ich einen Menschen liebe und den andern hasse: Wie steht es dann mit meiner Beziehung zu Gott? Sie ist durch die Ganzheit meiner Beziehungen gekennzeichnet. Das können wir leichter verstehen, wenn wir die zwei anderen Pole dieser Dreierbeziehung betrachten. Wie ist meine Beziehung zu mir selbst, wenn ich von hundert Menschen zehn liebe und neunzig ablehne? Dann steht es mit der Liebe zu mir selbst nicht sehr gut. Könnte es nicht sein, dass ich mich zu neunzig Prozent nicht mag und mich nur zu zehn Prozent liebe? Sicherlich habe ich da schon große Schwierigkeiten mit meinem inneren Frieden und auch mit Gott.

Wer einen einzigen Menschen verachtet, der hat eine gewisse Verachtung auch Gott gegenüber. Wer einen einzigen Menschen liebt, hat eine Liebe auch zu Gott, und zwar im gleichen Maße, wie seine Beziehung zu diesem Menschen und zu all seinen menschlichen Verbindungen steht. Die Dreierbeziehung ergibt ein sehr harmonisches Weltbild: Unsere Beziehungen zur Welt und zu Gott laufen parallel. Liebe ich auf die richtige Weise mich selbst, dann liebe ich auf die gleiche Weise Gott. Liebe ich meinen Nächsten auf die richtige Weise, liebe ich auch Gott. Was gut ist für mich, ist gut für meine Beziehung zu Gott, und was gut ist für meine Beziehung zu meinem Nächsten, ist gut auf Gott hin. Gott und die Welt sind im Einklang. Entsteht eine Disharmonie zwischen mir und der Welt, ist auch die Harmonie mit Gott gestört.

Dies bestimmt auch unsere Aufgabe in der Welt. Wenn wir Gott lieben wollen, dann müssen wir ihm eine harmonische Welt aufbauen, wo alles seine Größe verkündet, eine Welt der Liebe und der Harmonie, eine Welt, die ihn mit ihrer Schönheit, ihrer Freude und ihrer Eintracht lobt.

So ist die Aufgabe auf der ersten Ebene der Seelenführung Jesu, auf der Ebene der Harmonie: lieben lehren; daran arbeiten, dass die Liebe unsere Welt regiert. Wir müssen unsere Fähigkeiten entfalten und sie für die Liebe einsetzen. Doch die Harmonie zwischen Gott und den Menschen entsteht hier nicht dadurch, dass der Mensch sich nach Gott richtet, sondern vielmehr, dass wir Gott zu Hilfe rufen, um unsere Schwierigkeiten zu überwinden und unsere guten, aber menschlichen Ziele zu verwirklichen, damit es uns gut geht. Sollte Gott etwas bitten, was gegen unsere menschliche Ziele zu gehen scheint, dann wird die Harmonie gebrechlich. Leid, Kreuz und Tod haben in dieser Harmonie noch keinen Raum.

Dieser Glaube entspricht der Religiosität vieler Christen, die den christlichen Glauben anscheinend ohne große Probleme in ihre Weltanschauung und in ihr Leben integrieren können, ohne dass sie wegen Gott etwas in ihrem Leben ändern müssten, was sie für das Leben in der Welt sowieso tun. Zumindest schaut es so aus. Ein wenig übertreibend, könnte man sagen, dass es Menschen gibt, die »anständig« als Christen leben, ohne dass sie etwas tun, das mehr wäre, als was sie sowieso als Menschen täten oder tun müssten.

Mit dieser Auffassung kann man in der Kirche und in den etablierten Religionen ganz gut leben: Jeden Sonntag in die Messe gehen, für den Segen Gottes und für die Erfüllung eigener Wünsche bitten, die Sünden gegen die Gebote bereuen, Änderung versprechen und um Kraft für diese Änderung bitten. Auch die Sozialarbeit hat danach ihren Sinn, denn sie ist Nächstenliebe. Dagegen sind das Lob Gottes im Gebet und das Tragen des Kreuzes schwer zu verstehen, weil diese einen transzendenten Gott voraussetzen. Ihrer Auffassung nach müsste alles hier auf Erden seinen Lohn oder seine Strafe bekommen.

4. Die Religion des immanenten Gottes

Der junge reiche Mann antwortete Jesus, dass er die Gebote immer eingehalten habe, und fragt nach seinem weiteren Weg zum ewigen Leben:

> »Was fehlt mir noch? Jesus antwortete ihm: Wenn du vollkommen sein willst, geh, verkauf deinen Besitz und gib das Geld den Armen; so wirst du einen bleibenden Schatz im Himmel haben; dann komm und folge mir nach. Als der junge Mann das hörte, ging er traurig weg, denn er hatte ein großes Vermögen« (Mt 19,21–22).

Jesu Antwort ist: Wenn er das ewige Leben erlangen will, muss er seine Schätze, seinen Besitz und sein Geld hier auf Erden in das ewige Leben überweisen: Er muss alle Schätze, die er hier hat, in die Währung des ewigen Lebens wechseln.

Gott ist uns so nahe, dass er in unseren menschlichen Beziehungen gegenwärtig ist. Das ist ein Geheimnis der

Menschwerdung und ergibt einen großen Einklang zwischen Gott und der Welt. Gott zeigt, wie er uns nahe ist, wie er uns liebt und mit uns sein will. Gott und die Welt sind in Harmonie.

Diese Nähe trägt in sich ein großes Risiko, dass wir Gott zu uns herunterziehen, ihn zähmen wollen, ihn an die immanenten Gesetze des Universums binden wollen. Wir erlauben ihm, dass er alles tut, was im Rahmen dieser geschaffenen Welt zulässig ist, aber nicht, was darüber hinausgeht: Kreuz, Leid, Tod und Ungerechtigkeiten in der Welt. Wir machen aus ihm eine Art demokratisch gewählten Präsidenten, der an die Gesetze des Landes gebunden ist und dem man Vorwürfe machen kann, wenn er sich nicht an die Gesetze des geschaffenen Universums hält. So wird Gott ein Teil der Schöpfung. Das nenne ich den immanenten Gott.

Solange es uns gut geht, merken wir das nicht, denn wir halten die Zehn Gebote, wir tun viel für den Nächsten, wir dienen ihm, indem wir naturfreundlich sind, indem wir versuchen, uns immer zum Guten zu ändern.

Ich denke an die Israeliten in der Wüste. Gott durfte sie aus Ägypten befreien, aber ihnen nicht die Fleischtöpfe Ägyptens wegnehmen. Dagegen protestierten sie. Diesen Gott vom Dornbusch und vom Berg Sinai, der sie in die Wüste schickte und leiden ließ, konnten sie nicht so leicht annehmen.

Ich denke an Petrus, der zwar meinte, dass er Jesus als den Messias erkannt habe, aber einen Messias, der die Römer vertreiben sollte; denn sein Messiasbild war noch dieser Welt verhaftet. Als Jesus sagte, dass er getötet werden müsse, nahm Petrus ihn zur Seite und sagte zu ihm:

> »Das soll Gott verhüten, Herr! Das darf nicht mit dir geschehen« (Mt 16,22).

Jesus erinnerte ihn an die Distanz zwischen dem Willen Gottes und dem Willen der Menschen: zwischen dem Himmlischen und dem Irdischen:

> »Weg mit dir, Satan, geh mir aus den Augen! Du willst mich zu Fall bringen; denn du hast nicht das im Sinn, was Gott will, sondern was die Menschen wollen« (Mt 16,23).

Als hätte Jesus gesagt: Du willst den transzendenten Gott in diese Welt eingliedern, du machst aus mir einen mächtigen Feldherrn gegen die Römer. Du siehst die Erlösung, die der Messias bringen soll, nur als ein politisches Ereignis.

Ein anderes Beispiel ist Nikodemus. Jesus versucht ihn von der Transzendenz Gottes zu überzeugen. Der Text ist ein längerer Dialog:

> »Es war ein Pharisäer namens Nikodemus, ein führender Mann unter den Juden.
> *Der suchte Jesus bei Nacht auf und sagte zu ihm:* Rabbi, wir wissen, du bist ein Lehrer, der von Gott gekommen ist; denn niemand kann die Zeichen tun, die du tust, wenn nicht Gott mit ihm ist.
> *Jesus antwortete ihm:* Amen, amen das sage ich dir; wenn jemand nicht von neuem geboren wird, kann er das Reich Gottes nicht sehen.
> *Nikodemus entgegnete ihm*: Wie kann ein Mensch, der schon alt ist, geboren werden? Er kann doch nicht in den Schoß seiner Mutter zurückkehren.
> *Jesus antwortete:* Amen, amen ich sage dir: Wenn je-

> mand nicht aus Wasser und Geist geboren wird, kann er nicht in das Reich Gottes kommen. Was aus dem Fleisch geboren ist, das ist Fleisch, was aber aus dem Geist geboren ist, das ist Geist. Wundere dich nicht, dass ich dir sagte: Ihr müsst von neuem geboren werden. Der Wind weht, wo er will; du hörst sein Brausen, weist aber nicht, woher er kommt und wohin er geht. So ist es mit jedem, der aus dem Geist geboren ist.
> *Nikodemus erwiderte ihm:* Wie kann das geschehen?
> *Jesus antwortete:* Du bist der Lehrer Israels und verstehst das nicht? Amen, amen, ich sage dir: Was wir wissen, davon reden wir, und was wir gesehen haben, das bezeugen wir, und doch nehmt ihr unser Zeugnis nicht an. Wenn ich zu euch über irdische Dinge gesprochen habe und ihr nicht glaubt, wie werdet ihr glauben, wenn ich zu euch über himmlische Dinge spreche? Und niemand ist in den Himmel hinaufgestiegen außer dem, der vom Himmel herabgestiegen ist: der Menschensohn« (Joh 3,1–13).

Hier sehen wir, wie Nikodemus die Transzendenz sucht: »denn niemand kann die Zeichen tun, die du tust«, und wie Jesus mit Nikodemus ringt, um ihm die Transzendenz zu zeigen: das Neu-geboren-Werden. Aber der soziale Status des Nikodemus erlaubt nicht, an einem neuen Ruf Gottes durch Jesus zu glauben. Nikodemus ringt mit sich, um an die Transzendenz Jesu zu glauben. Er ringt darum, aber im Augenblick kann er noch nicht glauben. Nikodemus ist noch angepasst an eine Gruppe, die die Offenbarung Jesu nicht annehmen kann, aus Angst, Macht zu verlieren. Und so ist die Frage, ob sein Glaube an die alttestamentliche Offenbarung doch nur eine soziale Anpassung ist wie seine

Verbindung mit den Pharisäern. Er ist ein Suchender, und das ist schon sehr gut.
Ich denke an viele Christen, die christlich sozialisiert sind, für ihre Mitmenschen vieles tun, aber nur im Rahmen dieser Welt. Mit Kreuz, Tod und Verzicht auf Macht und Geld, die in diese geschaffene Welt nicht hineinpassen, können sie nichts anfangen. Sie glauben an Jesus Christus, an einen lieben Jesus, der harmlos ist, der immanent ist, der uns von der römischen Besatzung befreien wird, aber nicht an den Messias, der uns zum Vater führen will und dazu einen steilen Weg zeigt.

II. Die Aufgabe der Begleiter

1. Das Leben annehmen

In dieser Spiritualität der Harmonie leben die Menschen eine Religion, in der Gott noch ein immanenter Gott ist. Die Aufgabe des Begleiters ist es, den Begleiteten zu helfen, wenigstens den immanenten Gott anzunehmen. Das bedeutet, das Leben anzunehmen, wie es ist. Damit werden zugleich Gott und seine Gebote mehr akzeptiert. Die Welt anzunehmen und Gott anzunehmen ist hier dasselbe. Wenn man die Welt annimmt, nimmt man den Gesetzgeber der Welt an, und der ist Gott.

a. Das Leben annehmen, so wie es ist. Das bedeutet:
Annehmen, dass wir zum Wachsen und auch zum Abnehmen geschaffen sind, zum Geboren-Werden und zum Sterben; die Begrenztheit des Lebens annehmen.
Sich selbst annehmen mit dem eigenen Körper, der eigenen Gesundheit, mit den Krankheiten und Behinderungen. Die Konsequenzen der eigenen Schwächen annehmen: die Notwendigkeit von Hilfen wie Therapien oder Krankenhausaufenthalten und die Begrenztheit unserer Leistungsfähigkeit.
Die Eltern, die Familie und die eigene Geschichte in der Familie annehmen mit allen Konsequenzen, die sich daraus ergeben.
Sein Land annehmen und die Gesetze des Landes samt der politischen Situation.
Seine religiöse Welt annehmen: seine Religion, Gott und die Welt, Jesus Christus.

Begrenztheit und Fehler der eigenen organisierten Religion annehmen.

b. Die geistliche Begleitung befindet sich im Großen und Ganzen noch im Bereich der allgemeinen Seelsorge und Beratung. Eigentlich sollte man sie nicht geistliche Begleitung nennen. Wenn jemand mit dieser Spiritualität zu Gesprächen kommt, sehe ich drei Situationen.
Entweder handelt es sich um ein Beratungsgespräch für ein vorübergehendes Problem. Es sind vielleicht ein Gespräch oder einige Gespräche nötig zur Lösung des Problems.
Oder es handelt sich um eine Suche, zum Beispiel nach einer Therapie. Oft kommen Menschen zu einer geistlichen Begleiterin oder einem Begleiter aus Unsicherheit oder Unwissenheit oder weil sie ihre Situation selbst schlecht einschätzen können. Dieser Weg ist auch viel billiger, und der Verlauf – so hoffen sie – wird schmerzloser sein. Solche Menschen müssen zunächst mit Geduld angenommen werden, und der Schritt zur richtigen Therapie muss erst vorbereitet werden. Das kann eine Reihe von Geprächen notwendig machen. Es sind Beratungsgespräche und es ist ein Dienst. Sollte der Begleiter den Suchenden zu schnell weiterleiten wollen, wird es oft sehr lange dauern, bis der schüchterne oder ängstliche Hilfesuchende den nächsten Schritt wagt. Es hängt auch davon ab, wie weit die Begleiterin oder der Begleiter selber Therapeut ist. Heutzutage können geistliche Begleiterinnen und Begleiter nicht leicht ohne jede therapeutische Erfahrung arbeiten.
Oder es kommt jemand, bei dem die Sehnsucht nach Gott im Erwachen und sie oder er wirklich auf der Suche nach einer intensiveren Begegnung mit Gott ist. Es ist wie die Morgendämmerung: Man sieht noch nicht, wo die Sonne

über dem Horizont erscheinen wird, aber der Horizont ist schon rötlich. Da genügt die allgemeine Seelsorge nicht mehr. Solche Menschen sind bei einer geistlichen Begleiterin oder einem Begleiter am richtigen Platz.

c. Die Begleiter oder Seelsorger müssen *die Religion des immanenten Gottes* wertschätzen. Es handelt sich bei ihnen nicht um eine Verweigerung des Glaubens an den wirklichen Gott, sondern um ein Herumtasten im Dunkeln, um den wahren Gott zu finden. Diese Menschen sind unterwegs. Die Begleitung geschieht meistens durch die allgemeine Seelsorge, durch Religionsunterricht, in den Sonntagsmessen und Sonntagspredigten, durch Gruppen und Vereine, durch die Familien. Es handelt sich ja um Gläubige, das heißt um Christen, die gläubig sind, die versuchen, die Gebote zu halten, die aber auch auf der Suche sind nach einem spirituellen Sinn des Lebens. Sie können in Gruppen angesprochen werden. Bei Jesus war es die Menge, die ihm mit gutem Willen und echtem Interesse zuhörte, die ihn suchte und ihm folgte, bei denen aber die Heilung von Krankheiten und seine Gleichnisreden im Vordergrund standen. Und doch waren die Menschen auf einer inneren Suche nach dem wahren Gott. Ich stelle mir vor, dass viele von ihnen später nach der Himmelfahrt Christi in den ersten christlichen Gemeinden zu finden waren.
In erster Linie geht es darum, wie es Jesus dem reichen jungen Mann sagt: Er solle die Gebote halten. Und doch: Wenn es möglich ist, soll man in diesen Menschen ihre Sehnsucht nach Gott stärken. Denn bei vielen Menschen leuchtet immer wieder das Licht der Transzendenz auf. Die Begleiter oder Seelsorger sollten darauf achten, dass die kleine Flamme nicht erlischt, sondern erhalten bleibt und

genährt wird. Die Gesprächspartner sollten langsam erkennen, dass die Religion über die Grenzen des Geschaffenen hinausführt.
Es folgen noch drei Erläuterungen zu den soeben genannten drei Aspekten, die für die Begleiterinnen und Begleiter nützlich sein können.

2. Das Zuhören

Die Begleiteten suchen das ewige Leben. Das ist die Voraussetzung dafür, dass aus den Gesprächen geistliche Begleitung wird. So müsste es sein, es ist aber nicht immer so. Genauer gesagt, die Begleiteten suchen das ewige Leben, aber zuerst haben sie Probleme, mit denen sie im Leben nicht ganz zurechtkommen, und diese drängen sich in den Vordergrund. Wenn jemand zu einem Gespräch kommt, will er zuerst sprechen. Wenn tatsächlich ein ungelöstes Problem das religiöse Suchen in den Hintergrund drängt oder behindert, dann muss die Begleiterin oder der Begleiter zuerst dafür offen sein. Das bedeutet, dass sie oder er drei Aufgaben hat: zuhören, zuhören und zuhören. Jeder meint, dass er zuhören kann, aber nur sehr wenige können es so, dass sich ihr Gesprächspartner seiner Situation bewusst wird und sein Problem selbst lösen kann. Selbst aktiv zu werden ist der eigentliche Weg, persönliche Schwierigkeiten zu lösen. Über das Zuhören habe ich ein praktisches Buch für geistliche Begleiterinnen und Begleiter geschrieben[1]. Wenn ich jetzt doch kurz über dieses The-

[1] Miteinander im Glauben wachsen. Anleitung zum geistlichen Begleitgespräch, Echter, Würzburg 2008.

ma schreibe, möchte ich Interesse für das empathische Zuhören wecken.

Wenn mir jemand etwas sagt, dann will er mir eine Botschaft mitteilen. Diese Botschaft ist normalerweise in seinen Worten enthalten. Wenn ich jemandem sage, dass ich heute Nachmittag zuhause bin, dann ist meine Botschaft in meinen Worten enthalten: Ich möchte, dass mein Gesprächspartner weiß, dass ich am Nachmittag zuhause bin. Aber wenn ich während eines Gesprächs plötzlich zu meiner Uhr greife und aufgeregt nach der Uhrzeit frage, dann ist, was ich sagen will, nicht in diesen meinen Worten: »Wie viel Uhr ist es?«, enthalten. Meine Botschaft könnte sein: »Ich hätte schon längst gehen müssen!« oder »Ich muss jemanden treffen und bin spät dran.«

Wenn jemand diesem unter Druck stehenden Gesprächspartner antwortet: »Es ist halb fünf«, hat er seine Botschaft nicht verstanden. Und so reagieren wir normalerweise im Alltag, weil wir darauf hören, was einer sagt, und nicht darauf, was er sagen will. Wenn aber einer entgegnet: »Du hast es eilig!« oder »Du hättest schon gehen müssen!«, dann hat er die Botschaft verstanden. Der Ansprechpartner kann statt an seinen Termin zu denken, den er im Sinn hat, zuerst seinen inneren Druck bewusst werden lassen. Er wird sich außerdem sehr erleichtert und verstanden fühlen: Der Gesprächspartner hat mich verstanden, obwohl ich selbst meines Gefühls nicht gewahr war. So kann die Botschaft in den ausgesprochenen Worten stehen, sie kann aber auch in Gefühlen bestehen, die ihn belasten oder erleichtern, die ihm aber nicht bewusst sind. Diese nicht bewussten Gefühle verhindern, dass man Lösungen findet.

Im geistlichen Begleitungsgespräch, wenn die oder der Begleitete mit einem Problem kommt – und sie kommen fast immer mit Problemen –, ist die Botschaft am Anfang fast nie in den ausgesprochenen Worten zu finden. Sollte der Gesprächspartner seine Schwierigkeiten klar sehen, bräuchte er meistens gar nicht zu einem Begleitgespräch zu kommen. Er könnte das Problem selber lösen. Und das ist ein ganz wichtiges Prinzip des Zuhörens: Wer sich der emotionalen Seite seines Problems bewusst ist, kann es selber lösen. Mit Problemen kommen die Menschen, weil ihnen ihre Gefühle nicht klar sind. Sie denken über ihre Situation nach, aber ohne sich ihre Gefühle bewusst zu machen, und deswegen auch, ohne sie in die Beurteilung der Situation einzubeziehen. So kommt man jedoch nicht zur richtigen Entscheidung. Noch ein Beispiel: »Mein Nachbar ist sehr aggressiv.« Richtig reagiert man, wenn man sagt: »Du fühlst dich von ihm immer angegriffen.« Damit wird die Aufmerksamkeit vom Nachbarn auf das eigene Gefühl dem Nachbarn gegenüber gelenkt. Das nenne ich spiegeln.

Praktisch keiner der Menschen, die wegen der Lösung eines Konfliktes zum Gespräch kommen, ist sich seiner Gefühle bewusst, zumindest nicht ganz bewusst. Die im Hintergrund liegenden Gefühle zu erkennen und sie dem Betroffenen zu zeigen ist die Hilfe, die vom Begleiter an erster Stelle erwartet wird. Spiegeln zu können verlangt Einfühlungsvermögen. Spiegeln ist keine Technik, sondern nur Feingefühl und Liebe. Es geht darum, in die subjektive Welt des anderen einzutauchen, mit ihm mehr mitzufühlen, als er mit sich selbst mitfühlen kann. Dies bedeutet auch zu heilen, denn keinen Zugang zu haben zu den eigenen Gefühlen ist eine richtige Krankheit. Konsequent ausgeübt, ist das Spiegeln eine therapeutische Methode, die zuerst durch Carl Rogers angewandt wurde. Sie ist nichts anderes als eine ausgesprochene Fähigkeit, sich in die Welt des anderen einzufühlen. Ich bin überzeugt, dass alle, die geistliche Begleiterinnen oder Begleiter werden wollen, an erster Stelle die korrekte Wahrnehmung und Spiegelung der Botschaften des Gesprächspartners lernen müssen. Obwohl diese Methode etwas ganz Natürliches ist, muss man ihre Regeln kennen, und es braucht viel Übung. Und noch etwas Wichtiges: Solange einer nicht angehört wurde, sich nicht ganz aussprechen konnte und sich seiner Gefühle nicht bewusst geworden ist, kann er auch nichts aufnehmen.

Ich gehe noch einen Schritt weiter. Nach meiner Erfahrung gibt es drei verschiedene Arten von Menschen, denen man ihre Gefühle auf je eine andere Weise spiegeln soll.

Die ersten sind Menschen, die zu ihren Gefühlen guten Zugang haben. Sie kommen auch zu Gesprächen, um Probleme zu lösen. Bei ihnen kann man mit dem Zuhören Wunder wirken. Die Begleiterin oder der Begleiter hört zu, mit Leib und Seele, mit großer Aufmerksamkeit, was sich auch äußerlich daran zeigt, dass sie sich gar nicht bewegen, vielmehr sichtbar interessiert zuhören, ohne ein Wort zu sagen, und auch nicht spiegeln, weil der Gesprächspartner seine eigenen Gefühle benennt. Spätestens innerhalb einer Stunde ist das Problem gelöst, obwohl der Begleiter nichts gesagt hat, außer vielleicht am Anfang ein- oder zweimal zu spiegeln, um seine Aufmerksamkeit zu signalisieren.

Die zweite Gruppe sind Menschen, die viel weniger Kontakt zu ihren Gefühlen haben. Wenn aber die Gesprächspartner diese Gefühle erkennen und durch Spiegelung den Hilfesuchenden bewusst machen, können diese ihre Gefühle identifizieren. Das ist für sie ein richtiges Aha-Erlebnis. Solchen Menschen muss man alle Gefühle spiegeln.

Das ist nicht leicht. Am Anfang merkt man gleich, wenn sie Wut oder Angst haben. Ein Gefühl darf man meistens nur ein- oder zweimal spiegeln. Dann muss man die feinen Änderungen im Gemütszustand wahrnehmen und diese Änderungen durchgehend spiegeln. Auch in diesem Falle wird das Problem spätestens nach einer Stunde gelöst sein, und der Mensch, der zum Gespräch kam, ist zur Ruhe gekommen.
Die dritte Gruppe sind Menschen, die ausschließlich in Gedanken und Problemen verweilen und – wie man sagt – »im Kopf leben«, also nicht in Kontakt mit ihren Gefühlen sind. Man erkennt sie daran, dass sie sehr schnell sprechen und man sie mit einem Wort oder einer Spiegelung kaum unterbrechen kann. Bei diesen Menschen ist das Gemütsleben so blockiert, dass ihnen in einem einzigen Beratungsgespräch nicht geholfen werden kann.

3. Wie die Menschen Gott kennenlernen

Der geistlichen Begleiterin oder dem Begleiter hilft es zu wissen, wie Menschen bei den ersten Schritten des geistlichen Lebens Gott langsam mehr und mehr entdecken und wie ihr Gottesbild entsteht und sich entfaltet.

a. Wir haben zwei Gottesbilder

Das eine ist unser Konzept von Gott und das zweite ist etwas, das in unserem Gefühlsleben und in unserer Aktivität eingeschrieben ist. Ich frage jemanden, ob es regnen wird, und er antwortet mir, er sei ganz sicher, dass es an diesem Tag nicht regnen wird. Bald darauf sehe ich, dass er das Haus mit Regenschirm verlässt. Innerlich muss ich darüber lachen. Seine bewusste Überzeugung war, dass es nicht regnen wird, aber in seinem Herzen, in seinem Empfinden und in seinem Vorgehen stellt er sich auf den Regen ein. So können wir zwei Gottesbilder haben. Uns interessiert das konkrete und existenzielle Bild, das man an Empfindungen und Handlungen ablesen kann. Damit verlieren in der Begleitung alle theoretischen Diskussionen über die Existenz Gottes ihr Gewicht. Unsere Aufmerksamkeit richtet sich mehr auf das Leben selbst, auf den realen Glauben, der sich darin zeigt, wie der Mensch empfindet, handelt und lebt, anstatt darauf, was er über Gott denkt. Was immer ein Gesprächspartner sagt, als Begleiter muss ich schauen, ob er »seinen Regenschirm mitnimmt oder nicht«.

b. Das Elternbild

Bei kleinen Kindern – soweit sie an Gott glauben – ist das konkrete Gottesbild identisch mit dem Elternbild. Sie erleben die Eigenschaften Gottes an den Eigenschaften der Eltern. Die Eltern haben ihnen das Leben gegeben, das entspricht der Schöpfung: Gott hat die Welt geschaffen. Durch die Eltern sind sie in diese Welt gekommen. Gott gibt der Welt die Sicherheit, die das Kind in den Eltern findet. Ebenso erlebt das Kind seine Zukunft in den Eltern. Hat es einmal den Eindruck, dass die Mutter weggeht, bekommt es eine übergroße, existenzielle Angst, weil es seine ganze Zukunft bedroht fühlt, als würde Gott weggehen. Die Eltern üben Macht über das Kind aus und bedeuten ihm Sicherheit. Gott übt die Macht über die Schöpfung aus und garantiert ihre Sicherheit. Wenn das Kind von den Eltern viel Liebe erfährt, wird es an einen liebenden Gott glauben. Wenn das Kind ein schlechtes Vaterbild hat, wird es nie zu

Gott, dem Vater, beten, sondern höchstens zu Jesus Christus oder zur Muttergottes.
Ich habe davon einmal jemandem erzählt, der mit seiner ganzen Familie praktizierender Katholik war. Nach unserem Gespräch rief er seine kleine fünfjährige Tochter, setzte sich mit ihr hin und fragte sie: »Erzähle mir, wie ist Gott?« Zuerst verstand sie die Frage nicht, und nach mehrmaligem Fragen wie: »Aber wie ist er?«, schaute sie verlegen auf den Boden und sagte: »Wie du.« Anschließend stellte er dieselbe Frage seinem sieben- oder achtjährigen Sohn. Dieser antwortete ihm einfach und klar und mit Sicherheit: »So wie du, aber ein bisschen größer.« Bei der Tochter war die Identifikation zwischen Vater und Gott noch vollständig. Beim Sohn hatte das Gottesbild angefangen, sich vom Vaterbild abzulösen, in eine größere Dimension hineinzuwachsen. Da kann man verstehen, wie ein Kind wegen eines fehlenden Vaters oder einer Mutter, mit der das Kind in Konflikt lag, zu einer gottlosen Weltanschauung kommt oder dazu, dass es sich von Gott abgelehnt fühlt. Es lässt sich auch erahnen, wie wichtig es ist, die negativen Gefühle gegenüber den Eltern zu verarbeiten, damit man zu Gott und zu seiner geschaffenen Welt eine konstruktive Beziehung aufnehmen kann.

c. Das Leben

Unser Gottesbild hängt auch vom Bild ab, das wir uns vom Leben machen. Das ist ähnlich wie beim Elternbild. Wie wir zum Leben stehen, so stehen wir zu Gott. Wenn wir mit unserem Leben zufrieden sind, wird unser Gott gütig. Der Unzufriedene mit seiner Ablehnung des Lebens ist auch von Gott enttäuscht. Das hat eine große Bedeutung in Psychotherapien. Auch wenn der Therapeut Atheist wäre: Wenn er den Patienten heilt, verbessert sich das Bild, das der Patient von Gott hat. Statt »Leben« kann man hier auch »Welt« sagen. Wir haben alle zuerst ein immanentes Gottesbild. Man muss sich das so vorstellen wie beim Elternbild. So begrenzt sich das Gottesbild auf ein höchstes Wesen, das die Welt regiert, aber in den ersten Stadien zur Welt gehört. Dass Gott transzendent ist, wird erst später entdeckt.

d. Die Natur

Viele Menschen haben durch die Größe und die Schönheit der Natur einen Zugang zu Gott. Öfters habe ich Menschen getroffen, sogar Wissenschaftler, die aus Überzeugung die Existenz Gottes mit rationalen Gründen abgelehnt haben. Sie spürten jedoch in der Größe der Natur, dass es etwas von Bedeutung geben müsse. Das war für sie selbstverständlich nicht Gott und schon gar nicht ein persönlicher Gott, aber doch etwas Großes, Mächtiges, Gütiges, das hinter unserer Wahrnehmung der Natur steht. Aber auch Gläubige erweitern ihr Gottesbild durch Erlebnisse in der Natur. Ganz besonders konnte ich das beobachten bei Menschen, die wegen einer schlechten Beziehung zu den Eltern ein verzerrtes Gottesbild hatten, die aber durch die Begegnung mit der Natur eine gütigere Gegenwart Gottes erlebten.

e. Die religiöse Praxis der Familie und die Beziehung zu Jesus Christus

Das Kind übernimmt langsam das Gottesbild der Familie und übernimmt auch den Umgang mit Gott von der Familie. Die Erziehung in der Familie hat eine große Bedeutung. Ich habe in Südamerika viele Menschen gekannt, die als Kind eine gute religiöse Erziehung bekommen hatten und an der Universität Atheisten geworden waren. Mit etwa vierzig Jahren haben sie dann schon auf die Gelegenheit gewartet, wieder einen Zugang zum Glauben zu bekommen. Sie haben auf einen Grund gewartet, das atheistische Bild, das sie vor der Öffentlichkeit hatten, irgendwie wieder ablegen zu können. Die familiären Grundlagen hatten angefangen zu wirken. So wurden diese Menschen wieder gläubig. Ebenso kannte ich in Ungarn nach der Zeit des Kommunismus junge Frauen, die mit 20 oder 22 Jahren auf einmal aus einem echten Glauben heraus um die Taufe baten. Als ich sie fragte, ob ihre Eltern gläubig gewesen waren, verneinten sie dies. Da wusste ich, was ich sie zu fragen hatte. Es standen immer gläubige Großmütter hinter ihrem Glauben, die den Samen des Christentums in ihnen gesät und gepflegt hatten. Nach Jahren, als die Freiheit gekommen war, war der Samen aufgegangen.

f. Das Gottesbild der Umgebung

Viele Menschen übernehmen das Gottesbild ihrer Umgebung. Diese ist ebenfalls sehr bestimmend. Ein Familienvater fragte mich, was er mit seinen Söhnen machen solle. Sie waren gerne in die Kirche gegangen, aber mit Beginn der Pubertät wollten sie nicht mehr mit der Familie in die Kirche gehen. Ich sagte ihm, wenn die Söhne eine Gruppe praktizierender Christen fänden, würden sie auch ihren Glauben wiederfinden. Das war selbstverständlich nicht leicht, weil sie schon ihre Freunde selbst wählten.

Als ich in Buenos Aires lebte, gab es viele Einwanderer aus den Dörfern Siziliens. Dort hatten sie streng katholisch gelebt. In der Praxis war das aber eine Volksreligion, gehalten von der Umgebung. Als sie in Argentinien angekommen waren, in der Großstadt, fehlte ihnen diese Umgebung, und so praktizierten viele nicht mehr. Ein Sizilianer beklagte sich bei mir, dass in Buenos Aires die Leute nicht mehr glaubten oder nicht mehr katholisch seien. In Buenos Aires gab es aber viele Pfarreien, die auch lebendige Gemeinden waren. Ich fragte den Mann, wie weit die nächste Kirche von seinem Haus entfernt sei. Er antwortete mir: etwa hundert Meter. Ich fragte, warum er denn nicht dorthin gehe. Er antwortete mir, weil dort niemand in die Kirche gehe. Sein Dorf und die religiöse Dorfgemeinschaft in Sizilien hatten seinen Glauben gehalten. In seiner neuen Umgebung konnte er noch nicht in eine Gemeinschaft finden, und von seinem Glauben ist nur eine Sehnsucht danach geblieben.

g. Was einer von Geburt mitbringt

In der Seele eines jeden Menschen schlummert eine tiefe Sehnsucht nach Gott. Die Stärke dieser Sehnsucht hängt sehr davon ab, wie viel Sehnsucht er oder sie von Geburt an hat. Die heilige Therese von Lisieux zum Beispiel hat mit fünf Jahren eine absolut bestimmende Sehnsucht nach Gott gelebt. Sie hat sie in ihr Leben mitgebracht. Ihre Eltern haben diesen Glauben gestärkt.

Bei anderen Menschen ist diese Sehnsucht viel schwächer, aber ein jeder hat etwas davon. Es ist auch nicht immer zu erkennen, worauf sich die Sehnsucht richtet. Ein Junge spürt etwas davon und projiziert sie in ein Motorrad. Wenn er das Motorrad hätte, wäre er ganz glücklich, meint er. Es ist ein Wunsch, aber auch in diesen Wunsch fließt die Sehnsucht ein. Nach einiger Zeit merkt er, dass es auch etwas Größeres gibt, und überträgt sein Ziel auf ein Auto, möglichst auf ein Sportauto. Später entdeckt er, dass eine so-

ziale Tätigkeit ihn viel glücklicher machen würde, und er leistet ein soziales Jahr in Südamerika oder in Afrika ab. Es könnte sein, dass er danach, ohne den sozialen Aspekt zu verlieren, entdeckt, dass er eigentlich glücklich sein will und dass er dazu den Sinn des Lebens auf einer noch tieferen Ebene finden muss.
Es gibt aber auch entgegengesetzte Beispiele: Menschen, die so wenig Sehnsucht in ihr Leben mitgebracht haben, dass es ihnen erst am Sterbebett in den Sinn kommt, mit Hilfe eines Priesters danach zu suchen.

h. Die Heilige Schrift und das Beispiel der Heiligen

Einen ganz großen Schritt kommt man vorwärts, wenn man Christus in der Heiligen Schrift entdeckt. Das Gottesbild wird persönlich. Es ist der Gott, der zu uns »heruntergekommen«, der uns nahe ist. Die Liebe zu Jesus Christus zu erwecken ist die Hauptaufgabe der Begleiterinnen und Begleiter. Mag er auch in der ersten Zeit ein immanenter Christus sein, immerhin ist es ein Anfang.

i. Theophanien und heilige Orte

Viele Menschen haben ein persönliches Gotteserlebnis, das einen sehr großen Einfluss auf ihr ganzes Leben hat. Es ist wie eine Berufung, der man sein ganzes Leben lang folgt. Denken wir nur an die vielfältigen Erlebnisse der Israeliten: Abraham, den Gott führt und dem er Verheißungen gibt; Mose, der am Sinai Jahwe begegnet, und viele andere. Es gibt heilige Orte, an denen die Muttergottes erschienen ist. Man pilgert zu diesen Orten und nimmt teil an diesen Aufleuchtungen des Heiligen: Lourdes, Fatima, Santiago de Compostela, Medjugorje. Das intensiviert unsere Beziehung zu Gott und macht sie tragfähiger.

j. Die Christen leben in Gemeinschaft
Eine gute Pfarrgemeinschaft mit den Messfeiern, der Sakramentenspendung, der Katechese, dem Religionsunterricht für die Kinder und anderen Veranstaltungen ist in der Kirche immer ein wesentlicher Ort gewesen, wo der Glaube und die Christusbeziehung aufgeblüht sind. Wenn das an einem Ort nicht der Fall ist, muss man sich eine andere Pfarrei oder eine andere Gemeinschaft suchen. Wer sucht, der findet.

4. Beten lehren

Die beste Weise, mit jemandem eine gute Beziehung zu haben, ist, mit ihm ins Gespräch zu kommen. Wenn jemand das ewige Leben sucht, sucht er Gott. Dann muss er auch mit Gott ins Gespräch kommen. Wie sich das Gebet in dieser Spiritualität entfaltet, habe ich in einem kleinen Buch dargestellt: *Lernen wir beten*[2]. Es zeigt eigentlich den ganzen Gebetsweg auf. Die ersten Stufen, die der Spiritualität der Harmonie gehören, habe ich mit konkreten Beispielen zugänglich gemacht, die weiteren Gebetsweisen nur angedeutet. Ich kann das Buch, das ich 1975 geschrieben habe, noch heute empfehlen. Es beschreibt das mündliche Gebet, die eher reflektierende Betrachtung, die gefühlsbetonte Andacht und das einfache Gebet. Es endet mit einigen Anmerkungen zum kontemplativen Gebet.

[2] Lernen wir beten, Topos Taschenbücher, Band 564.

III. Die Bedeutung dieser Spiritualität und ihre Grenzen

Der Wert dieser Spiritualität ist die Annahme des Lebens: dass das Leben einen Sinn und eine Ordnung hat. Es gibt einen Gott, der die Welt regiert. Er hat für unser Leben hier auf der Erde die Gebote als eine Gebrauchsanweisung zum Umgang mit dieser Welt gegeben, damit wir wissen, wie wir leben sollen: dass wir alle Menschen, alle Geschöpfe, alles, was existiert, lieben sollen und dass wir Gott danken und ihm die Ehre geben sollen.

Was dieser Spiritualität noch fehlt, ist der Messias. Wer im christlichen Glauben aufgewachsen ist, hat Jesus Christus zumindest als einen guten und religösen Menschen erkannt, als einen Menschen, der den Weg zu Gott zeigt. Er ist aber von vielen Christen noch nicht als der Messias erkannt. Er zeigt den Weg zum Vater, wie auch andere ihn zeigen könnten. Viele Christen sind damit zufrieden. Je mehr aber der Glaube gelebt wird, umso mehr kann sich eine Adventstimmung einstellen: Wir verstehen die Welt nicht ganz. Wir schaffen den Weg zu Gott nicht alleine. Jemand musste kommen oder jemand müsste schon da sein, damit er uns Orientierung gibt und uns hilft, denn wir brauchen mehr Hilfe, um unsere Sehnsucht nach Gott zu erfüllen.

Zweites Kapitel

Die Berufung

I. Die Entdeckung des Messias

Jesus muss sich gefreut haben, als der junge reiche Mann, der die Gebote schon immer gehalten hat, seine weitere Sehnsucht nach dem ewigen Leben äußert. Jesus antwortet mit der Berufung zum ewigen Leben. Damit hat sich auch Jesu Rolle dem jungen Mann gegenüber geändert. Er ist nicht mehr wie ein Wächter, der die Einhaltung der Gebote anspricht, sondern wie ein Bergführer, der jemanden, der auf den höchsten Gipfel klettern will, anleitet.

Jesus hat viel über diesen Gipfel, über das Reich Gottes, in dem uns der Vater erwartet, erzählt. Es wird dort kein Schmerz, sondern ein ewiges Festmahl geben. Es wird das Reich der Wahrheit und des Lebens sein, das Reich der Heiligkeit und Gnade, das Reich der Gerechtigkeit, der Liebe und des Friedens.

Doch der Weg dorthin ist lang und anstrengend. Die Berge können gefährlich sein. Der Bergsteiger muss dem Bergführer folgen. Der Bergführer muss sich versichern, dass der Interessent es ernst meint, dass er ihm bis hinauf folgen wird und nicht unterwegs wieder absteigen möchte, weil ihm das zu mühsam ist. Der Bergführer muss deswegen den Interessenten mit den Forderungen des Aufstiegs bekanntmachen, damit dieser sich seiner Entschlossenheit, diese Herausforderung anzunehmen, klar werden kann. Sollte der junge Mann zum Besteigen eines hohen Gipfels seinen Rechner, einige Bücher und seine Gitarre mitnehmen wollen, muss ihn der Bergführer darüber aufklären, dass dies nicht möglich ist (Lk 14,25–35).

Genau das tut Jesus. Er fordert und nimmt alles und gibt auch alles. Wenn wir nicht wissen würden, worum es geht, nämlich um unser ganzes Leben, um die ewige Glückseligkeit, um das Reich Gottes, um unser eigentliches Zuhause, das heißt: wirklich um alles, dann müssten wir vor Jesu Forderungen zurückschrecken. Wenn wir nicht darauf vertrauen könnten, dass alle Verzichte, die Jesus um des Erreichens des ewigen Lebens willen anspricht, reichlich übertroffen werden, dann würden wir auf Jesu Forderungen nicht eingehen können. Das zu erkennen heißt, dem Messias zu begegnen und die Transzendenz Gottes zu entdecken. Es ist ein Ruf, der an unsere Freiheit gerichtet ist, und unsere Antwort wird unsere Sehnsucht nach Gott spiegeln. Der Bergführer nimmt nicht die Freiheit des Bergsteigers, aber wenn dieser nicht die Bereitschaft zum Bezwingen des höchsten Gipfels hat, wird er mit ihm nur einen niedrigeren Berg besteigen.

Ohne die große Sehnsucht nach Gott, nach unserer eigentlichen Heimat kann man den Messias nicht erkennen. Deswegen hat Gott im Alten Testament schon mehr als tausend Jahre vor dem Kommen Jesu über den Messias gesprochen: Es wird einer kommen, der alle Menschen wieder zu ihm zurückführen und das Reich Gottes auf Erden installieren wird. Auch Jesus will unsere Sehnsucht stärken, wenn er vom Himmelreich, vom Reich Gottes spricht. Der Unterschied zwischen dem Weg der Gebote und dem Weg der Berufung ist ein doppelter. Bei Ersterem wird die Vernunft angesprochen und es wird an eine »natürliche Notwendigkeit« erinnert. Hier, beim Ruf Christi, geht es um die Stärke der Sehnsucht nach Gott und um eine freie Antwort auf Gottes Ruf. Beim Weg der Gebote werden die Geistlichen Begleiterinnen und die Geistlichen Begleiter an ein Pflichtgefühl appellieren können. Beim Weg der Berufung dagegen müssen sie die Sehnsucht nach Gott auskundschaften und zu einer freien Antwort auf Gottes Ruf führen. So können wir schon jetzt voraussehen, dass in der geistlichen Begleitung des Berufenen die freie Entscheidungsfindung im Zentrum stehen wird. Die Antwort auf die Berufung kann nur aus der Tiefe der Seele kommen, wo der Mensch ganz frei ist.

Im vorigen Kapitel haben wir gesehen, dass an Gott zu glauben nicht immer dasselbe bedeutet. Von zwei Menschen, die sagen, dass sie an Gott glauben, kann einer den lebendigen Gott meinen, der die Welt geschaffen hat und absolut über der Welt steht, und der andere kann praktisch dasselbe behaupten und dabei an einen »lieben Gott« glauben, der nicht über den Gesetzen der Schöpfung steht. Den letzteren nenne ich einen immanenten Gott.

Für wen wir Christus halten, kann man nur an unserem Verhalten ablesen. Wenn jemand Christus als Sohn Gottes erkennt, dann richtet er sein ganzes Leben auf ihn aus. Wer das nicht tut, hat ihn nicht als den Sohn Gottes erkannt. Diesen entscheidenden Wechsel vom Glauben an einen gütigen und religiösen Menschen Jesus zum Glauben an Christus, den Sohn Gottes, nenne ich die Entdeckung des Messias. Solange jemand nicht sein ganzes Leben Christus hingibt, auf ihn ausrichtet, hat er ihn als Messias noch nicht erkannt. In diesem zweiten Kapitel versuche ich, die Entdeckung des wahren Messias, des wirklichen Christus, zu beschreiben.

Der heilige Paulus war ein tief religiöser Mensch, er hatte die Christen aus religiöser Überzeugung verfolgt. Und auf einmal erschien ihm Jesus Christus auf dem Weg nach Damaskus. Paulus nahm die göttliche Dimension Jesu wahr. Es wurde ihm plötzlich bewusst, dass sein Leben ein Leben in Christus ist. Im ersten Augenblick wird er sich sehr orientierungslos gefühlt haben. Körperlicher Ausdruck davon war seine Erblindung. Als er sich nach einigen Tagen gefasst und sein Augenlicht wiedererlangt hatte, zog er sich in die arabische Wüste zurück. Er musste sich neu orientieren. Er musste sein Leben neu überdenken und sich auf die neue Berufung einstellen. Er musste eben diese neue, totale Ausrichtung auf Jesus Christus innerlich vollziehen. Sein Aufenthalt in Arabien könnte mehrere Jahre gedauert haben. Zurückgekommen ist er als ein anderer Mensch. Er war Apostel Christi geworden und konnte unerschöpfliche Kräfte aufbringen, das zu leben, was ihm in der Begegnung mit Jesus Christus gezeigt worden war.

Die Apostel Johannes und Andreas waren bei Johannes dem Täufer, als Jesus von Johannes getauft wurde. Johannes sah den Geist wie eine Taube auf Jesus herabkommen (Joh 1,34ff.). Das überwältigte ihn. Am nächsten Tag zeigte Johannes der Täufer auf Jesus und sagte zu Johannes und Andreas, dass Jesus das Lamm Gottes sei. Sie hatten verstanden, dass er damit den Messias meinte. Am nächsten Tag bereits sagte Andreas seinem Bruder Petrus: Wir haben den Messias gefunden. Sie hatten in Jesus den Messias erkannt. Sie folgten ihm sofort. Sie hatten zunächst eine Sehnsucht nach dem Messias gehabt, dann waren sie ihm begegnet und ihm gefolgt. Ihre Weltanschauung, ihre persönlichen Ziele, der Sinn ihres Lebens richteten sich von da an ganz nach ihm. Aus Suchenden waren Jünger Christi geworden.

Ein Beispiel, das mich immer sehr bewegt hat, ist die Berufung Nathanaels. Nachdem Jesus Philippus berufen hatte, erzählte dieser dem Nathanael, dass sie den Messias gefunden hätten:

> »Da sagte Nathanael zu ihm: Aus Nazaret? Kann von dort etwas Gutes kommen? Philippus antwortete:

> Komm und sieh! Jesus sah Nathanael auf sich zukommen und sagte über ihn: Da kommt ein echter Israelit, ein Mann ohne Falschheit. Nathanael fragte ihn: Woher kennst du mich? Jesus antwortete ihm: *Schon bevor dich Philippus rief, habe ich dich unter dem Feigenbaum gesehen.* Nathanael antwortete ihm: Rabbi, du bist der Sohn Gottes, du bist der König von Israel!« (Joh 1,46–49).

Da ist zuerst einmal die Sicherheit des Philippus zu bewundern: Auf das Urteil des Nathanael, dass aus Nazaret nichts Gutes kommen könne, diskutiert er nicht, will ihm nichts beweisen, sondern sagt einfach mit Überzeugung und Klarheit: »Komm und sieh!« Uns stellt sich die Frage, was unter dem Feigenbaum geschehen ist, was nur der Messias sehen konnte. Wahrscheinlich hatte Nathanael wieder einmal um die Ankunft des Messias gebetet. Als Antwort muss er wohl etwa gehört haben: »Warum suchst du ihn noch? Er ist doch schon da!« oder »Er sucht auch schon dich!«. Bei der neuen Begegnung erblickte Nathanael Jesus und erkannte ihn gleich. So versteht man seine plötzliche Reaktion: »Du bist der Sohn Gottes!« Die Begegnung mit Jesus war auf gut vorbereiteten Boden gefallen. Die Sehnsucht und der Ruf hatten sich getroffen. Nach dieser Begegnung war sein Leben reine Hingabe an Jesus.

Auch die Berufung des Matthäus lässt eine lang vorhergehende Sehnsucht nach dem Messias vermuten. Als ein Mann, der äußerlich für das Geld lebte, stand er auf ein Wort Jesu hin auf und ließ Arbeit und Geld zurück. In seiner Seele musste schon lange etwas um Gott gerungen haben. Lukas sagt, dass er alles verließ und Jesus folgte. Damit ist die totale Hingabe des Matthäus ausgedrückt (Lk 5,27–32).

Ebenso erkannte der Apostel Thomas den Auferstandenen blitzartig (Joh 20,24–29). Und alle Apostel haben später ihr Leben für Christus gegeben.
Das Erkennen des Messias bedeutet nicht immer eine Berufung, Apostel zu werden. Oft wird das Erkennen des Messias im Evangelium Glaube genannt. Ein ganz besonderer Fall ist der Hauptmann von Kafarnaum (Mt 8,5–13; Lk 7,1–10; Joh 4,46b–53). Er war ein Ausländer, ein Offizier der Besatzungsmacht. Er liebte das Volk Israels und hat die Synagoge von Kafarnaum erbauen lassen. Nach Lukas hat er in Demut darum bitten lassen, dass Jesus sein Haus gar nicht betrete, da er sich für Jesu Besuch nicht würdig genug fühlte. Er bat durch Boten um die Heilung seines Sohnes (Mt) oder (nach Lk) sogar nur um die Heilung eines Dieners. Und er bat noch einmal, dass Jesus diese Heilung nur aus der Ferne vollziehe. Jesus empfahl diesen Glauben den Jüngern als Beispiel und merkte an, dass er nicht einmal in Israel einen solchen Glauben gefunden habe. Die Ehrfurcht und Hingabe des Hauptmanns ist ein authentisches Erkennen des Messias und eine demütige Hingabe.
Maria war erstaunt, als der Engel Gabriel zu ihr kam. Die Kirchenväter haben es so gedeutet, dass Maria schon vorher ganz Gott geweiht war. Sie war noch mehr verwundert, als sie die Einladung hörte, die Mutter des Messias zu werden. Sie gab ihr Ja-Wort als Antwort auf die Berufung; damit richtete sie ihr persönliches Lebensziel noch mehr auf Gott aus:

> »Da sagte Maria: Ich bin die Magd des Herrn; mir geschehe, wie du es gesagt hast« (Lk 1,38).

II. Die Schätze auf Erden

1. Verkaufe alles, was du hast

Die erste Wegstrecke war gekennzeichnet durch das Wort Jesu: Halte die Gebote oder, wie wir gesehen haben: Lerne lieben. Der junge Mann erwiderte, dass er die Gebote schon immer gehalten habe. Der Evangelist merkt an, dass Jesus eine Liebe zu ihm empfand. Da der junge Mann am ewigen Leben interessiert war, sagte Jesus zu ihm:

> »Eines fehlt dir noch: *Geh, verkaufe, was du hast, gib das Geld den Armen, und du wirst einen bleibenden Schatz im Himmel haben*; dann komm und folge mir nach! (Mk 10,19–21).

Hier geht es ausdrücklich um die Transzendenz Gottes und die vollständige Hingabe an Jesus. Es geht darum, dass der junge Mann das Standbein seines Lebens von dieser Welt in die Welt Gottes verlagert. Jesus ist gekommen, um uns zum Vater zu führen, und jetzt fängt der Weg an, ganz steil zu werden.

Der junge Mann sucht das ewige Leben, er trachtet nach der Gegenwart Gottes. Jesus nennt ihm klar die Bedingung: eine totale Hingabe. Das ist nicht die einzige Stelle, in der Jesus diese Hingabe fordert. Immer wenn es bei der Suche nach Gott ernst wird, kommt Jesus mit der Forderung, alles zu verkaufen. Es ist eine entscheidende Wende in der Seelenführung Jesu.

Schauen wir, wie oft und wie energisch Jesus dieses »Alles verkaufen« fordert. Ich zähle 22 Texte auf, um die Leserin und den Leser die Wichtigkeit der Aussage Jesu spüren zu lassen. Es ist – glaube ich – die häufigste Aufforderung Jesu; oder wenigstens haben die Evangelisten sie als das Dauerthema Jesu herausstellen wollen.

a. Zuerst wollen wir die Fortsetzung des Gespräches mit dem reichen, jungen Mann anschauen, weil dies ein längerer Text ist, den alle drei Synoptiker anführen (Mk 10,17–31; Mt 19,16–30; Lk 18,18–30); zweitens tun wir es deshalb, weil das Gespräch Jesu mit dem jungen Mann die Apostel erschüttert hat und dadurch ein längeres und wichtiges Gespräch über das Thema entstanden ist:

> »Der Mann aber war betrübt, als er das hörte, und ging traurig weg; denn er hatte ein großes Vermögen. Da sah Jesus seine Jünger an und sagte zu ihnen: Wie schwer ist es für Menschen, die viel besitzen, in das Reich Gottes zu kommen! Die Jünger waren über seine Worte bestürzt. Jesus aber sagte noch einmal zu ihnen: Meine Kinder, *wie schwer ist es, in das Reich Gottes zu kommen! Eher geht ein Kamel durch ein Nadelöhr, als dass ein Reicher in das Reich Gottes gelangt.* Sie aber erschraken noch mehr und sagten zueinander: Wer kann dann noch gerettet werden? Jesus sah sie an und sagte: Für Menschen ist das unmöglich, aber nicht für Gott; denn für Gott ist alles möglich.
> Da sagte Petrus zu ihm: Du weißt, wir haben *alles verlassen* und sind dir nachgefolgt. Jesus antwortete: Amen, ich sage euch: *Jeder, der um meinetwillen und um des Evangeliums willen Haus oder Brüder, Schwestern, Mutter, Vater, Kinder oder Äcker verlassen hat, wird das Hundertfache dafür empfangen*: Jetzt, in dieser Zeit, wird er Häuser, Brüder, Schwestern, Mütter,

> Kinder und Äcker erhalten, wenn auch unter Verfolgungen, und in der kommenden Welt das *ewige Leben*. Viele aber, die jetzt die Ersten sind, werden dann die Letzten sein, und die Letzten werden die Ersten sein« (Mk 10,22–31).

Wir erfahren, dass es dabei um einen Tausch von Schätzen geht: die Schätze der Erde zu verkaufen, um den Schatz des Himmels zu erlangen. Das ist etwas Neues. Der Interessent ging weg, und die Apostel gerieten, wenn ich es so einschätzen darf, in Panik: Das schafft ja niemand! Wir erfahren, dass mit dieser abschreckenden Radikalität eine noch größere Gnade von oben kommt, die den Aposteln versichert, dass sie ins ewige Leben geführt werden. Sie aber wollen mehr über dieses »Alles verkaufen« wissen.
Petrus fragt, was mit den Aposteln selber geschehen wird, da sie wirklich alles verlassen haben. Jesus versichert ihnen, dass sie das ewige Leben erreichen werden, und gibt ihnen noch zwei wichtige Informationen: Sie werden hier auf Erden noch viel mehr bekommen als das, was sie verlassen haben; und: Dieser Weg ist zugleich mit Verfolgungen hier auf Erden verbunden. Die Klarheit Jesu ist bemerkenswert: Es geht um einen Tausch: unsere Schätze hier auf Erden aufzugeben, um den großen Schatz im Himmel, nämlich das ewige Leben, zu erhalten. Es ist auch beeindruckend, mit welcher Klarheit es in den Texten immer um das ewige Leben, um Gott selbst geht: bei Jesus, bei dem jungen Mann und auch bei den Aposteln.

b. Bei der Berufung von Petrus und Andreas heißt es:

> »*sofort ließen sie ihre Netze liegen* und folgten ihm« (Mt 4,18–22; Mk 1,16–20).

Und bei Lukas:

> »Da sagte Jesus zu Simon: Fürchte dich nicht! Von jetzt an wirst du Menschen fangen. Und sie zogen die Boote an Land, *ließen alles zurück* und folgten ihm nach« (Lk 5,10–11).

c. Und bei der Berufung von Johannes und Jakobus:

> *Sogleich verließen sie das Boot und ihren Vater* und folgten Jesus« (Mt 4,22).

d. Bei der Berufung von Levi:

> »Als er weiterging, sah er Levi, den Sohn des Alpheus, am Zoll sitzen und sagte ihm: Folge mir nach! *Da stand Levi auf und folgte ihm*« (Mk 2,14).

Hier wird unterstrichen, dass sie sofort alles verlassen haben. Nachdem Jesus das »Alles verlassen« als Bedingung für das Jünger-Werden benannt hat, ist es nicht zufällig, dass diese Haltung bei der Berufung der Apostel hervorgehoben wird.

e. Es waren auch andere, die Jesus folgen wollten (=Beispiel 5–7):

> »Als sie auf dem Weg weiterzogen, redete ein Mann Jesus an und sagte: Ich will dir folgen, wohin du auch gehst. Jesus antwortete ihm: Die Füchse haben ihre

Höhlen und die Vögel ihre Nester; der *Menschensohn aber hat keinen Ort, wo er sein Haupt hinlegen kann«* (Lk 9,57–58).

»Zu einem anderen sagte er: Folge mir nach. Der erwiderte: Lass mich zuerst heimgehen, und meinen Vater begraben. Jesus sagte zu ihm: *Lass die Toten ihre Toten begraben«* (Lk 9,59).

»Wieder ein anderer sagte: Ich will dir nachfolgen, Herr. Zuvor aber lass mich von meiner Familie Abschied nehmen. Jesus erwiderte ihm*: Keiner, der die Hand an den Pflug gelegt hat und nochmals zurückblickt, taugt für das Reich Gottes«* (Lk 9,61–62).

In diesen Aussagen ist die Radikalität der Forderung Jesu, wenn ich so sagen darf, erschreckend.

f. Zuerst erblickt man den Schatz des Himmels, nur dann kann man die Schätze der Erde loslassen:

»Mit dem Himmelreich ist es wie mit einem Schatz, der in einem Acker vergraben war. Ein Mann entdeckte ihn, grub ihn aber wieder ein. Und in seiner Freude *verkaufte er alles*, was er besaß, und *kaufte den Acker«* (Mt 13,44).

g. Und dieselbe Aussage mit einem anderen Bild:

»Auch ist es mit dem Himmelreich wie mit einem Kaufmann, der schöne Perlen suchte. Als er eine besonders wertvolle Perle fand, *verkaufte er alles, was er besaß, und kaufte sie«* (Mt 13,45–46).

Die Perlen sind die Schätze des Herzens. Die schöne Perle ist das ewige Leben, Jesus Christus selbst.

h. Noch eine direkte Aufforderung Jesu,
alles zu verkaufen:

> »*Verkauft eure Habe, und gebt den Erlös den Armen!* Macht euch Geldbeutel, die nicht zerreißen. Verschafft euch einen Schatz, der nicht abnimmt, droben im Himmel, wo kein Dieb ihn findet und keine Motte ihn frisst. *Denn wo euer Schatz ist, da ist auch euer Herz*« (Lk 12,33–34).

> »Sammelt euch nicht Schätze hier auf der Erde, wo Motte und Wurm sie zerstören und wo Diebe einbrechen und sie stehlen, sondern sammelt euch Schätze im Himmel, wo weder Motte noch Wurm sie zerstören und keine Diebe einbrechen und sie stehlen. *Denn wo dein Schatz ist, da ist auch dein Herz*« (Mt 6,19–20, auch Mk 10,21).

Mit dem Nennen von Motten, Würmern, Dieben und zerrissenem Geldbeutel zeigt Jesus die Lebensnähe seiner Lehre. Außerdem bringt er ausdrücklich das Herz ins Spiel. Das Herz ist Sitz der Liebe: Wir müssen unser Herz auf das Himmelreich, auf Gott selbst ausrichten. Wohin das Herz trachtet, das kann man an den Schätzen ablesen, die man sammelt. Wo dein Schatz ist, dort ist dein Herz. Besser könnte man es gar nicht formulieren.

i. Über die Bedingungen, Jünger zu werden, sagt Jesus:

> »Viele Menschen begleiteten ihn; da wandte er sich an sie und sagte: Wenn jemand zu mir kommt und nicht Vater und Mutter, Frau und Kinder, Brüder und Schwestern, ja *sogar sein Leben gering achtet, dann kann er nicht mein Jünger sein.* Wer nicht sein Kreuz trägt und mir nachfolgt, der kann nicht mein Jünger sein.
> Wenn einer von euch einen Turm bauen will, setzt er sich dann nicht zuerst hin und rechnet, ob seine Mittel für das ganze Vorhaben ausreichen? Sonst könnte es geschehen, dass er das Fundament gelegt hat, dann aber den Bau nicht fertigstellen kann. Und alle, die es sehen, würden ihn verspotten und sagen: Der da hat einen Bau begonnen und konnte ihn nicht zu Ende führen.
> Oder wenn ein König gegen einen anderen in den Krieg zieht, setzt er sich dann nicht zuerst hin und überlegt, ob er sich mit seinen zehntausend Mann dem entgegenstellen kann, der mit zwanzigtausend gegen ihn anrückt? Kann er es nicht, dann schickt er eine Gesandtschaft, solange der andere noch weit weg ist, und bittet um Frieden. *Darum kann keiner von euch mein Jünger sein, wenn er nicht auf seinen ganzen Besitz verzichtet.*
> Das Salz ist etwas Gutes. Wenn aber das Salz seinen Geschmack verliert, womit kann man ihm die Würze wiedergeben? Es taugt weder für den Acker noch für den Misthaufen, man wirft es weg. Wer Ohren hat zum Hören, der höre!« (Lk 14,25–35).

Jesus spricht hier über das »Alles verkaufen« so fordernd, dass ich diese Stelle mit der Tempelreinigung Jesu vergleiche. Einer, der vorher sieht, dass er nicht alles verlassen

kann, soll gleich weggehen und nicht mehr anstreben, Jünger zu sein, denn sonst wird es ihm noch schlechter ergehen, als hätte er Jesus gar nicht gesehen.
Am Ende dieses Textes steht noch ein Bild, das die Behauptung Jesu verstärkt. Das Salz gibt der Nahrung Geschmack. Alles zu verlassen gibt dem Jünger seinen Wert. Wenn er nicht alles verkauft, ist er wie Salz, das keinen Geschmack hat. Dieses Salz wird auf den Misthaufen geworfen. Der Jünger wird verworfen.
Und dazu verstärkt Jesus seine Aussage noch einmal: »Wer Ohren hat, der höre.« Als würde Jesus mit Vorwurf sagen: »Seht ihr das denn nicht ein?!«

j. Bei der Aussendung der Apostel sagt Jesus:

> »Geht und verkündet: Das Himmelreich ist nahe. Heilt Kranke, weckt Tote auf, macht Aussätzige rein, treibt Dämonen aus! Umsonst habt ihr empfangen, umsonst sollt ihr geben. *Steckt nicht Gold, Silber und Kupfermünzen in euren Gürtel. Nehmt keine Vorratstasche mit auf den Weg, kein zweites Hemd, keine Schuhe, keinen Wanderstab …* (Mt 10,7–10).

Zum Auftrag der Verkündigung gehört ein einfacher Lebensstil. Ihren Besitz haben die wahren Jünger schon vorher den Armen gegeben. Sie sollen auf ihrem apostolischen Weg nicht wieder irdische Schätze sammeln.

k. Eine konkrete Beobachtung Jesu:

> »Er blickte auf und sah, wie die Reichen ihre Gaben in den Opferkasten legten. Dabei sah er auch eine arme Witwe, die zwei kleine Münzen hineinwarf. Da sagte

er: Wahrhaftig, ich sage euch: Diese arme Witwe hat mehr hineingeworfen als alle anderen. Denn sie alle haben nur etwas von ihrem Überfluss geopfert; *diese Frau aber, die kaum das Nötigste zum Leben hat, sie hat ihren ganzen Lebensunterhalt hergegeben«* (Lk 21,1–4; Mk 12,41–44).

Ein Beispiel, das die Radikalität des »alles Hingeben« verstärkt. Man sieht die alte Frau mit ihrer unglaublichen Hingabe. Hier auf Erden hat sie keinen Besitz: Alle ihre Schätze liegen im Himmel.

l. Von den Gefahren, nur auf seinen Besitz zu schauen, erzählt Jesus ein Beispiel:

> »Und er erzählte ihnen folgendes Beispiel: Auf den Feldern eines reichen Mannes stand eine gute Ernte. Da überlegte er hin und her: Was soll ich tun? Ich weiß nicht, wo ich meine Ernte unterbringen soll. Schließlich sagte er: So will ich es machen: Ich werde meine Scheunen abreißen und größere bauen; dort werde ich mein ganzes Getreide und meine Vorräte unterbringen. Dann kann ich zu mir selber sagen: Nun hast du einen großen Vorrat, der für viele Jahre reicht. Ruh dich aus, iss und trink und freu dich des Lebens! Da sprach Gott zu ihm: *Du Narr! Noch in dieser Nacht wird man dein Leben von dir zurückfordern.* Wem wird dann all das gehören, was du angehäuft hast? So geht es jedem, der nur *für sich selbst Schätze* sammelt, *aber vor Gott nicht reich ist«* (Lk 12,16–21).

Die große Scheunen voll mit Getreide symbolisiert deutlich unsere Schätze auf Erden: Immobilien, Bankkonten,

Fabriken, Bibliotheken usw. Was dabei neu ist: Jesus spricht hier vom Tod. Der Tod ist der Grenzübergang zwischen irdischem und ewigem Leben. Jesus legt den Tod schon auf die folgende Nacht, damit wir sehen, dass es um unser ganzes Leben geht.

m. Das Symbol des Lebens, in dem man alles verkauft hat, ist die Wüste. Es ist der Ort, an dem einer alles verlassen hat und sich nur auf Gott einstellt. Das auserwählte Volk hat sich mehr als tausend Jahre lang an die vierzig Jahre in der Wüste erinnert, in denen ihnen alles weggenommen worden war, sie aber mit der Gegenwart Gottes erfüllt wurden. Jesus war aus demselben Grunde in der Wüste. Auch bei ihm ging es darum, ob er sich für die Schätze dieser Welt entscheidet oder für die Schätze im Himmel (Mt 4,1–11; Mk 1,12f.; Lk 4,1–13).

n. Noch einmal über die Bedingungen der Nachfolge Jesu:

> »*Wer Vater oder Mutter mehr liebt als mich, ist meiner nicht würdig,* und wer Sohn oder Tochter mehr liebt als mich, ist meiner nicht würdig. Und wer nicht sein Kreuz auf sich nimmt und mir nachfolgt, ist meiner nicht würdig. Wer das *Leben* gewinnen will, wird es verlieren; wer aber das Leben um meinetwillen verliert, wird es gewinnen« (Mt 10,37–39).

Hier geht es um unsere höchsten Schätze auf Erden: unsere wichtigsten Beziehungen: Vater, Mutter, Sohn, Tochter, und am Ende geht es um das Leben auf Erden selbst. Jesus hat nichts von unseren Schätzen ausgelassen.

o. Dazu kommen noch fünf wichtige Texte, in denen Jesus sagt, dass die Sorgen der Welt es sind, die verhindern, unsere Schätze in den Himmel zu verlagern. Diese werden wir später anschauen.

2. Das »Alles verkaufen« und das Kreuz

Ich habe bis jetzt nur die Worte Jesu über das »Alles verkaufen« angeführt, damit wir sehen, welch wichtigen Platz sie im Evangelium einnehmen. Die Texte über das Kreuz habe ich, soweit ich es konnte, vermieden. Das Kreuz tragen ist nicht dasselbe wie das freiwillige Leer-Werden. Auf sein Vermögen zu verzichten ist eine Vorbedingung, als Jünger Jesu angenommen zu werden. Erst wenn die Jünger auf diesem Weg mehr gefestigt sind, fängt Jesus an, vom Kreuz, d.h. zuerst von seinem eigenen Tod am Kreuz, zu sprechen (Mt 16,21–24). Erst danach sagt er ihnen, dass auch sie selber das Kreuz tragen müssen. Das »Alles verkaufen« und das Kreuz-Tragen liegen auf derselben Linie der Nachfolge Christi. Beide zusammen sind ihre höchsten Forderungen an die Jünger. Uns interessiert das freie »Leer-Werden«, aber damit wir auch das Loslassen des irdischen Vermögens in größerem Zusammenhang sehen, schauen wir, wie Paulus es ganz in dieselbe Linie stellt: Gott hat Christus nicht nur wegen seines Kreuzestodes erhöht, sondern auch wegen seiner Kenosis, seiner Entäußerung:

> »Seid untereinander so gesinnt, wie es dem Leben in Christus Jesus entspricht:
> Er war Gott gleich,
> hielt aber nicht daran fest, wie Gott zu sein, sondern er

entäußerte sich (Kenosis)
und wurde wie ein Sklave
und den Menschen gleich.
Sein Leben war das eines Menschen;
er erniedrigte sich
und war gehorsam bis zum Tod,
bis zum Tod am Kreuz.
Darum hat ihn Gott über alle erhöht
und ihm den Namen verliehen,
der größer ist als alle Namen,
damit alle im Himmel, auf der Erde
und unter der Erde
ihre Knie beugen vor dem Namen Jesu
und jeder Mund bekennt:
›Jesus Christus ist der Herr‹
zur Ehre Gottes, des Vaters« (Phil 2,5–11).

In diesem Text des Philipperbriefes steht das »Kreuz-Tragen« auf derselben Linie wie das »Leer-Werden«. Wir sehen auch den Unterschied: Das »Alles verkaufen« müssen wir freiwillig ausführen, und damit fängt der Weg an. Das »Kreuz-Tragen« ist kein freiwilliges Unternehmen, sondern es wird uns auferlegt. Unsere Rolle ist es, es anzunehmen. Aber beides bedeutet einen Verzicht auf irdische Schätze; und Jesus wurde wegen beidem erhöht.

3. Zusammenfassung

Der Mensch sucht ein erfülltes Leben. Dazu sammelt er Schätze, die ihn glücklich machen sollen: an erster Stelle gute Beziehungen zu Vater und Mutter, zu den Geschwistern, zu Partnern und Kindern, aber auch zu Geld, Häusern, Feldern, großen Vorräten, Schmuck und Perlen und zu allen Arten von Reichtum, die ihm Wohlergehen versprechen.

Doch diese Schätze sind vergänglich: Die Diebe können sie stehlen, die Motten und die Würmer können sie fressen, die Geldbeutel können zerrissen oder gestohlen werden. Mehr noch: Am Ende des Lebens steht der Tod. Keinen irdischen Schatz kann der Mensch mit sich hinübernehmen. Diese Schätze bleiben alle hier. Wir sollten schon jetzt unsere irdischen Schätze in die Währung des ewigen Lebens umtauschen: in die Hingabe an Jesus Christus.

Jesus drückt das sehr radikal aus: »Lass die Toten die Toten begraben.« »Keiner, der die Hand an den Pflug gelegt hat und nochmals zurückblickt, taugt für das Reich Gottes.« Verkauft alles und kauft den Acker, in dem der ewige Schatz vergraben ist, »denn wo eure Schätze sind, dort sind auch eure Herzen.«

Es geht nicht nur um die irdischen Schätze. Es geht um unser Herz, das durch die irdischen Schätze der Erde gebunden bleibt. Wo dein Schatz ist, dort ist dein Herz. Ohne das Herz auf das Ewige zu richten, kann man nicht zu Gott kommen. Deswegen ruft uns Christus, alle Schätze der Erde zu verkaufen, wie er selber sich ganz leer gemacht hat (Kenosis). Nicht einmal den Erlös der Schätze soll man behalten. Darin ist die Hingabe an Christus und an Gott den Vater ausgedrückt. Am Ende leben wir noch hier auf Erden, aber unsere Schätze sind schon ewige Schätze, die für immer bleiben.

Wir haben die Schätze auf Erden gesehen. Schauen wir jetzt den Schatz im Himmel an.

III. Unser Schatz im Himmel

Unser Schatz im Himmel ist Jesus Christus. Er ist die auf uns hin ausgestreckte Hand des unsichtbaren Gottes. Er ist der Sohn Gottes. Er war und ist Gott (Joh 1,34). Er ist das Licht der Welt und das Licht des Lebens (Joh 8,12; 9,5). Er ist die Auferstehung und das Leben (Joh 11,25). Er ist der Anfang und das Ende (Offb 22,13). Er, »der das All ganz und gar beherrscht« (Eph 1,23). Die Worte, die er zu uns spricht, sind »Geist und sind Leben« (Joh 6,63). Er ist der wahre Weinstock (Joh 15,1). Und wir sind berufen, »an *Wesen und Gestalt seines Sohnes teilzunehmen*« (Röm 8,29). Ganz überwältigend ist, was im Kolosserbrief von ihm steht:

»Er (Christus) ist das *Ebenbild*
des unsichtbaren Gottes,
der Erstgeborene der ganzen Schöpfung.
Denn *in ihm wurde alles erschaffen ...*
alles ist durch ihn und *auf ihn hin geschaffen.*
Er ist vor aller Schöpfung, *in ihm hat alles Bestand.*
Er ist das Haupt des Leibes,
der Leib aber ist die Kirche.
Er ist *der Ursprung,*
der Erstgeborene der Toten;
so hat er in allem den Vorrang.
Denn *Gott wollte mit seiner ganzen Fülle*
in ihm wohnen,
um durch ihn alles zu versöhnen.
Alles im Himmel und auf Erden
wollte er zu Christus führen,

> *der Friede gestiftet hat* am Kreuz durch sein Blut« (Kol 1,15–20).

Diesen Text kann man monatelang, vielleicht jahrelang meditieren. Wie schön ist es, wenn wir mit Paulus bekennen können:

> »Doch was mir damals ein Gewinn war, das habe ich um Christi willen als Verlust erkannt. Ja noch mehr: ich sehe alles als Verlust an, weil die Erkenntnis Christi Jesu, meines Herrn alles übertrifft. *Seinetwegen habe ich alles aufgegeben* und halte es für Unrat, um Christus zu gewinnen und *in ihm zu sein. … Christus will ich erkennen und die Macht seiner Auferstehung und die Gemeinschaft mit seinen Leiden; sein Tod soll mich prägen.* So hoffe ich, auch zur Auferstehung von den Toten zu gelangen. Nicht dass ich es schon erreicht hätte oder dass ich schon vollendet wäre. Aber *ich strebe danach, es zu ergreifen, weil auch ich von Christus Jesus ergriffen worden bin*« (Phil 3,7–12).

> »*Denn für mich ist Christus das Leben, und Sterben (ist) Gewinn.* Wenn ich aber weiterleben soll, bedeutet das für mich fruchtbare Arbeit. Was soll ich wählen? Ich weiß es nicht. Es zieht mich nach beiden Seiten: *Ich sehne mich danach, aufzubrechen und bei Christus zu sein – und wie viel besser wäre das!* (Phil 1,21–23).

Der Tod erscheint durch die Entdeckung des Messias in einem ganz anderen Licht:

> »Denn ich bin gewiss: *Weder Tod noch Leben, weder Engel noch Mächte … können uns scheiden von der Liebe Gottes, die in Christus Jesus ist*« (Röm 8,38–39).

»Darum werden wir nicht müde: *Wenn auch unser äußerer Mensch aufgerieben wird, der innere wird Tag für Tag erneuert. Denn die kleine Last unserer gegenwärtigen Not schafft uns in maßlosem Übermaß ein ewiges Gewicht an Herrlichkeit, uns, die wir nicht auf das Sichtbare starren, sondern nach dem Unsichtbaren ausblicken: denn das Sichtbare ist vergänglich, das Unsichtbare ist ewig*« (2 Kor 4,16–18).

Das Leben ist auch ganz anders als vorher:

»*Denn in ihm leben wir, bewegen wir uns und sind wir*« (Apg 17,28).

»*Wir leben auf ihn hin*« (1 Kor 8,6).

Das Leben in Christus ist ganz anders als das irdische Leben:

»*Keiner von uns lebt sich selber, und keiner stirbt sich selber: Leben wir, so leben wir dem Herrn, sterben wir, so sterben wir dem Herrn. Ob wir leben oder ob wir sterben, wir gehören dem Herrn. Denn Christus ist gestorben und lebendig geworden, um Herr zu sein über Tote und Lebende*« (Röm 14,7–9).

»*Die Liebe Christi drängt uns*« (2 Kor 5,14).

Die große Nähe zu Christus wird bewusst:

»Ich bin mit Christus gekreuzigt worden: *Nicht mehr ich lebe, sondern Christus lebt in mir*. Soweit ich aber jetzt noch in dieser Welt lebe, lebe ich im Glauben an den Sohn Gottes, der mich geliebt und sich für mich hingegeben hat« (Gal 2,19–20).

In ihm begegnen wir dem Vater:

»*Philippus sagte zu ihm (sc. Jesus): Herr, zeig uns den Vater; das genügt uns. Jesus antwortete ihm: Schon so lange bin ich bei euch, und du hast mich nicht erkannt, Philippus? Wer mich gesehen hat, hat den Vater gesehen. Wie kannst du sagen: Zeig uns den Vater? Glaubst du nicht, dass ich im Vater bin und dass der Vater in mir ist? Die Worte, die ich zu euch sage, habe ich nicht aus mir selbst. Der Vater, der in mir bleibt, vollbringt seine Werke. Glaubt mir doch, dass ich im Vater bin und dass der Vater in mir ist; wenn nicht, glaubt wenigstens auf Grund der Werke!*« (Joh 14,8–11).

Uns strahlt »die Heilsbotschaft auf, die Botschaft von der Herrlichkeit Christi, *der Gottes Ebenbild ist*« (2 Kor 4,4).

»Er ist *das Alpha und das Omega, der Erste und der Letzte*« (Offb 22,13).

»*Immer tragen wir das Todesleiden Jesu an unserem Leib, damit auch das Leben Jesu an unserem Leib sichtbar wird.* Denn immer werden wir, obgleich wir leben, um Jesu willen dem Tod ausgeliefert, damit auch das Leben Jesu an unserem sterblichen Fleisch offenbar wird« (2 Kor 4,10–11).

»Richtet euren Sinn auf das Himmlische und nicht auf das Irdische. Denn ihr seid gestorben, und *euer Leben ist mit Christus verborgen in Gott*« (Kol 3,2).

»Denn Gott, der sprach: Aus Finsternis soll Licht aufleuchten, er ist in unseren Herzen aufgeleuchtet, *damit*

> *wir erleuchtet werden zur Erkenntnis des göttlichen Glanzes auf dem Antlitz Christi*« (2 Kor 4,6).

Im Osterlob singen wir: »Jesus Christus ist der Morgenstern, jener wahre Morgenstern, der in Ewigkeit nicht untergeht: dein Sohn, unser Herr Jesus Christus, der von den Toten erstand, der den Menschen erstrahlt im österlichen Licht, der lebt und herrscht in Ewigkeit.«
Unser Schatz im Himmel ist Jesus Christus. Was sind alle Schätze der Erde im Vergleich mit ihm?!

IV. Die Sendung

Matthäus beschreibt die Berufung der zwölf Apostel am Anfang seines 10. Kapitels (Mt 10,1–4). Gleich danach fängt Jesus an, sie auszubilden und sie auszusenden. Die Ausbildung und die Sendung sind im selben, dem zehnten Kapitel beschrieben:

Die Jünger sollen nicht zu den Heiden oder zu den Samaritern gehen, sondern zu den Israeliten (5–6). Sie sollen verkünden: Das Himmelreich ist nahe (7). Sie sollen Kranke heilen, Tote auferwecken, Aussätzige rein machen, Dämonen austreiben (8). Sie sollen umsonst predigen (8) und ganz bescheiden auftreten: die Sendung haben sie umsonst bekommen, umsonst sollen sie verkünden: ohne Gold, ohne Silber- oder Kupfermünzen im Gürtel. Sie sollen keine Vorratstasche, kein zweites Hemd, keine Schuhe, keinen Wanderstab mitnehmen (8–10). Jesus erklärt, zu wem sie in den Städten gehen und wie sie sich verhalten sollen: Wenn man sie gut aufnimmt, sollen sie Frieden wünschen, bei schlechtem Empfang weitergehen (11–15). Er schickt sie wie Schafe mitten unter die Wölfe. Sie sollen jedoch keine Angst haben, denn der Geist des Vaters wird durch sie sprechen (16–24). Sie werden verfolgt werden wie Jesus selbst. Der Jünger steht nicht über seinem Meister (24–26). Sie sollen keine Angst haben, denn sogar ihre Haare sind gezählt. Sie sollen Jesus bekennen. Jesus wird sich ebenfalls zu ihnen bekennen (28–33). Jesus bringt nicht nur Frieden, sondern auch das Schwert. Sie sollen Jesus mehr lieben als ihren Vater und ihre Mutter (34–37). Bedingung ihres Jüngerseins ist, sein Kreuz zu tragen (38–39). Jesus erklärt ihnen, welchen Lohn sie bekommen werden (40–42).

Bei Lukas lesen wir, dass Jesus sogar zweiundsiebzig Jünger aussandte (Lk 10,1). Auch schreibt er, wie Jesus durch sie sprechen wird: Wer auf sie hört, der hört auf Jesus selbst (Lk 10,16).
Bei Markus gibt Jesus ihnen Vollmacht, die Kranken mit Öl zu salben und sie zu heilen. Er beauftragt sie, die Leute zur Umkehr aufzurufen (Mk 6,6b–13).
Bei Johannes erfahren wir, dass Jesus die Apostel auch aussandte zu taufen (Joh 4,1–2).
Die Ausbildung wird bis zur Fußwaschung beim letzten Abendmahl andauern. Aber von Anfang an sollen die Jünger mitarbeiten, Jesus vertreten und so an seiner Sendung teilnehmen.
Am Ende des Matthäusevangeliums, nach der Auferstehung, spricht Jesus das große universale Sendungswort:

> »Die elf Jünger gingen nach Galiläa auf den Berg, den Jesus ihnen genannt hatte. Und als sie Jesus sahen, fielen sie vor ihm nieder. Einige aber hatten Zweifel. Da trat Jesus auf sie zu und sagte zu ihnen: *Mir ist alle Macht gegeben im Himmel und auf der Erde. Darum geht zu allen Völkern und macht alle Menschen zu meinen Jüngern, tauft sie auf den Namen des Vaters und des Sohnes und des Heiligen Geistes und lehrt sie, alles zu befolgen, was ich euch geboten habe. Seid gewiss: Ich bin bei euch alle Tage bis zum Ende der Welt*« (Mt 28,16–20).

Das Johannesevangelium bestätigt diese Sendung:

> »*Wie* du mich in die Welt gesandt hast, *so* habe auch ich sie in die Welt gesandt« (Joh 17,18).

V. Sendung als Spiritualität

1. Die Voraussetzung

Die Spiritualität der Sendung setzt voraus, dass jemand wirklich Christus begegnet ist und ihn als Messias erkannt hat, dass er glaubt, dass Jesus Christus in die Welt gekommen ist, um alle Menschen zum Vater zu führen. Vorausgesetzt ist auch, dass die oder der Berufene, der/dem diese Offenbarung und diese Einladung zuteil werden, entschlossen ist, ihr/sein Leben danach auszurichten. Ohne diese Vorbedingungen kann man nicht von einer Spiritualität der Sendung sprechen.

Die Sendung ist eine Spiritualität. Das heißt, was ausgeführt werden soll, ist nicht ein Bauauftrag wie beim Bau eines Hauses, sondern eine Botschaft, eine verinnerlichte Botschaft des Evangeliums: als überzeugter Christ zu leben und damit Christus zu verkünden. Sie muss gelebt und mit dem Leben verkündet und bezeugt werden. Dann ist sie authentisch. Die Sendung ist deswegen an erster Stelle ein Lebenszeugnis, und nur dann kann sie Seelsorge sein, muss aber nicht.

Die Sendung ist eine aktive Spiritualität. Es geht darum, die Frohe Botschaft zu verkünden. Im Ausführen der Sendung geht es an erster Stelle darum, dass der Mensch erkennt, wie Gott ihn in das ewige Leben führen will. So steht das Erkennen des *Willens Gottes* ständig im Mittelpunkt. Der Gesandte führt nicht seinen eigenen Willen aus, sondern den Willen dessen, der ihn gesandt hat, den Willen Gottes.

Die zentrale Frage dieser Spiritualität der Sendung ist, wie wir in konkreten Situationen den Willen Jesu Christi und durch ihn den Willen Gottes erkennen.

2. Der Wille Gottes

An erster Stelle steht, dass wir die Gebote halten. Das haben wir im vorigen Kapitel gesehen und wird für die weitere Betrachtung vorausgesetzt. Allerdings sind wir schwache Menschen, und Probleme mit den Zehn Geboten können sich auch bei uns einschleichen. Wenn man in einer wichtigen und konkreten Situation den Willen Gottes erkennen will, ist es deswegen sehr empfehlenswert, zunächst zu schauen, ob beim Einhalten der Gebote nicht vielleicht etwas fehlt. Um den Willen Gottes in uns erkennen zu können, ist das Einhalten der Gebote Voraussetzung.
Wenn ich mich bei der Wahl zwischen zwei Möglichkeiten des Handelns frage, welche für mich der Wille Gottes ist, kann ich damit rechnen, dass mich Gott seinen Willen spüren lässt. Denn ich bin überzeugt, dass Gott denen, die ihn lieben und seinen Willen zu erkunden suchen, diesen Willen auch in ihr Herz eingibt. Sie müssen nur in sich hineinschauen. In dieser Haltung dürfen sie die subjektiv bessere Lösung als den Willen Gottes ansehen.

3. Der Eigenwille

Wenn man den Willen Gottes sucht, ist es gut, seinen Gegenspieler zu kennen. Das ist der ego-zentrierte Wille, der Wille, der nur eigenen Wünschen und Vorteilen nachgeht. An erster Stelle nenne ich den »trügerischen Reichtum«

(Mt 13,22), das »Habenwollen«: eine größere Scheune bauen zu wollen (Lk 12,18), obwohl es schon eine gibt; etwas einzukaufen, was nicht notwendig wäre; mehr zu essen, als der Körper braucht. Die Könige wollen über immer größere Gebiete herrschen. Die Reichen wollen ihr Vermögen immer weiter vermehren. Die Habsucht sitzt sehr tief in uns allen. Es ist notwendig, in sich hineinzuspüren und ihre Ausdrucksformen in uns zu erkennen. Nicht umsonst besteht Jesus auf dem »Alles verkaufen«. Wer seiner Habsucht folgt, kann in sich den Willen Gottes nicht erkennen. Er wird seinen Eigenwillen für den Willen Gottes halten.

Zweitens nenne ich die Sucht nach Macht. Wir wollen über andere Menschen Macht ausüben, Einfluss auf sie haben, bestimmen, was sie machen sollen. Wir alle kennen machtsüchtige Leute, Despoten und Tyrannen. Selbst die Apostel wollten einflussreiche Plätze neben Jesus haben. Die Sucht nach Macht ist in religiösen Gruppen eine der größten Versuchungen. Wenn jemand bewusst oder unbewusst andere dominieren will, kann er den Willen Gottes in sich nicht finden.

Ein Drittes ist die Ehrsucht. Angesehen und geschätzt zu sein, die oder der Erste zu sein, geehrt zu werden. Diese Neigungen liegen sehr tief in uns. Die Ehrsucht wird durch die Demut geheilt, durch die Fußwaschung: dadurch, dass wir alle Menschen höher einschätzen als uns selbst.

Wer den Willen Gottes finden will, muss ichbezogene Haltungen in sich kennen. Und will er in einer konkreten Situation den Willen Gottes in sich finden, muss er immer wieder in sich hineinlauschen. Denn wer seinen Eigenwillen durchsetzen will, kann den Willen Gottes in sich nicht finden; er entscheidet sich dann, auch ohne es zu wollen, für diesen Eigenwillen.

4. Die Absicht

Wenn ich einem Armen helfe, kann ich es aus reiner Liebe tun, aber ich kann es auch tun, damit ich Lob ernte. Ich kann es halb aus Liebe und halb, um Lob zu ernten, machen. Ich kann sogar zehn Prozent aus Liebe und neunzig Prozent um des Lobes willen tun. Wenn ich merke, dass ich den Armen helfe, um gelobt zu werden, brauche ich mit der Hilfe nicht aufzuhören, sollte aber meine Absicht bereinigen. Die gute Absicht kann jedoch in zwei Minuten wieder erlahmen, und der Anteil meines Eigenwillens sich steigern. An diesem Beispiel sehen wir, wie wichtig und wie schwer es zugleich ist, immer hundertprozentig auf Gott ausgerichtet zu sein.

Um den Willen Gottes zu tun, muss ich eine reine Absicht haben. Ich muss mich ganz auf Gott hin ausrichten. Ich muss wirklich für *ihn* tun wollen, was ich tue, und ich muss meine Absicht, alles für Gott zu tun, immer wieder erneuern. Die Spiritualität der Sendung besteht darin, dass wir alles zur *größeren Ehre Gottes tun.*

Ständig zur reinen Absicht zurückzukehren hat in der Kirche eine lange Tradition. Wir kennen das Morgengebet – eine Absichtserneuerung für den Tag –, das Gebet vor dem Essen für die Ernährung, das Gebet vor einer Veranstaltung usw. Alle Gebete haben die Absicht, uns und unsere Belange/Angelegenheiten auf Gott hin auszurichten. Auch das Kreuzzeichen vor dem Beten ist eine Reinigung unserer Absicht für das folgende Gebet. Auch mit dem Beten kann man nämlich egoistische Ziele verfolgen. Deshalb ist es so wesentlich, dass wir in einer aktiven Spiritualität ständig unsere Absichten überprüfen.

Will jemand den Willen Gottes in sich erkennen, muss er

in besonderer Weise seine Absichten bereinigen und sie ausschließlich auf Gott richten. Sonst kann er nicht sagen, dass sein Wahlergebnis dem Willen Gottes entspricht.

5. Der Wahlprozess

Wenn ich zwei Möglichkeiten des Handelns habe und wissen will, welche von beiden für mich dem Willen Gottes entspricht, muss ich eine *Wahl* treffen.
Von der Vorbereitung dazu haben wir eben gesprochen: einen kurzen Blick auf die Zehn Gebote werfen, die Absicht erneuern, dass ich den Willen Gottes erkennen will, und wissen, dass ich in dieser Haltung die subjektiv bessere Lösung für den Willen Gottes halten darf. Damit kann ich den Entscheidungsprozess beginnen.
Es gibt drei Weisen, eine Entscheidung zu treffen. Das Beste ist, wenn alle drei zusammenkommen und zu einem klaren Ergebnis führen. Das gelingt aber nicht immer.
Die erste Weise ist eine rationale Überlegung. Ich muss die Gründe *pro* und *contra* abwägen. Ich muss überlegen, für welche Lösung mehr Gründe sprechen. Diese Überlegung kann bereits zu einem Ergebnis führen.
Dieses sollte man anschließend durch eine eher emotionale Unterscheidung ergänzen. Mit welcher Entscheidung würde ich mich vor Gott besser fühlen? Nach welcher Seite zieht es mich? Diese zwei Überlegungen oder Wahlmethoden zusammen können zeigen, welche Lösung ich für den Willen Gottes halten darf.
Wenn ich jedoch – dies ist die dritte Weise – Gott auf eine viel direktere Weise zu Wort kommen lasse, wird meine Entscheidung mit mehr Sicherheit den Willen Gottes auf-

leuchten lassen. Gott kann unmittelbar wie mit einem Lichtstrahl große Klarheit schenken. So war es etwa beim Apostel Matthäus (Mk 2,13–15). Blitzartig war es ihm klar: Er will Jesus folgen. Diese und ähnliche Begebenheiten sind große und seltene Gnaden, aber wenn sich jemand tief auf das Gebet einlässt und schon seit langer Zeit auf dem Weg zu Gott ist, trifft ihn oft eine Klarheit und eine Entschlossenheit, die mehr von Gott als von seinem Selbst stammt. Ich könnte diese letztgenannte Entscheidungsfindung auch so ausdrücken: In meinem Seelengrund hat Gott schon gesprochen, ich muss mich nur so tief in mich hineinversenken, dorthin, wo nicht mehr mein Wille regiert, sondern sein Wille für diesen konkreten Fall. Das ist die kontemplative Weise, eine Entscheidung zu treffen. Sie ist klarer und sicherer und ändert sich nicht. Es ist aber nicht leicht, bei sich selbst in diese Tiefe zu gelangen.

6. Die Auswertung

In der Spiritualität der Sendung, wie auch in allen anderen Aktivitäten, auch im Geschäftsleben, muss nach der Handlung eine *Auswertung* folgen. Einfach gesagt, muss man das Ergebnis abwägen. In der klassischen Spiritualität hat man das *Examen* genannt: War meine Absicht, alles für Gott zu tun, meine durchgehend tragende Zielrichtung? Habe ich die Ziele erreicht, die ich mir vorgenommen habe, oder nicht? Warum nicht, wo hat etwas gefehlt oder wo ist etwas schiefgegangen und wo muss ich noch etwas korrigieren oder nacharbeiten?

7. Die Intensivzeiten des Gebetes

Der aktive Mensch, engagiert im Leben, wird, ob er will oder nicht, von den sich ständig mehrenden Aktivitäten unter Druck gesetzt. Da wird es immer schwerer, Zeit für das Gebet zu finden. Die Menschen, die in der Spiritualität der Aktion leben, müssen sich die Zeit für das Gebet oft erkämpfen, um sich nicht in einen Aktivismus zu verlieren. Sie werden früher oder später erschöpft, ausgelaugt sein, ja es kann für sie noch schlimmer kommen. Ständige Aktivität lädt den Menschen übergroße Sorgen auf. Sie bräuchten eigentlich ruhige Zeiten, um diese Sorgen aufzuarbeiten. Dazu scheinen die Gebetszeiten die beste Gelegenheit zu sein, die dann jedoch aufhören, Gebetszeiten zu sein. Denn Gebet besteht darin, dass einer sich auf Gott ausrichtet, nicht darin, dass man seine Probleme aufarbeitet. Die zweite große Bedrohung für das Gebet ist, es in eine Vor- oder Nachbereitung einer Tätigkeit zu verwandeln, also zum Beispiel in den Gebetszeiten die Predigt vorzubereiten oder eine Aktivität zu planen. Diese Zeiten werden oft noch zum Gebet gerechnet, was jedoch eine Selbsttäuschung ist.

So ergibt sich die Notwendigkeit, das Gebet in eher kurzen, aber intensiven Zeiten zu gestalten. Tief ins Gebet einzutauchen, um dann erneut zu den Aufgaben zurückzukehren. Empfehlenswert sind täglich eine Morgenbetrachtung, täglich ein oder zweimal Rückschau zu halten, wöchentlich oder monatlich einen Einkehrtag einzuschieben und jährlich Exerzitien zu machen; in der Aktivität selbst Gott mit Stoßgebeten zu loben, die so während der Arbeit immer wieder einen kurzen Blick und eine Erneuerung der Ausrichtung auf Gott ermöglichen.

VI. Die Aufgabe der Begleiter

1. Die Beziehung zu Jesus Christus stärken

Der Mensch, der in der Erkenntnis des Messias zu den Begleiterinnen und Begleitern kommt, ist nicht mehr der, welcher höchstens bemüht ist, der nur dem Namen nach Christ ist. Er spürt vielmehr bereits die Sehnsucht nach dem Messias und sucht sich Jesus Christus hinzugeben. Man kann auch so sagen: Er ist nicht mehr Suchender, sondern Strebender. Er will sich ganz Gott schenken.

Die erste Aufgabe der Begleiterinnen und Begleiter auf dieser Entwicklungsstufe ist es, die Beziehung der Begleiteten zu Jesus Christus zu stärken. Denn von der ersten Entdeckung Jesu Christi als unserem Schatz im Himmel und von der ersten Hingabe an ihn ist noch ein langer Weg, bis einer nicht mehr für sich selber lebt, sondern nur für ihn und nur für sein Reich. Die Aufgabe der Begleiterinnen und Begleiter ist es, auf diesem Weg Orientierung und Unterstützung zu geben.

Die Begleiterinnen und Begleiter sollen die Begleiteten zu einer ganz großen Liebe zu Jesus führen, wo sie ihm ihr ganzes Leben weihen und nichts anderes auf dieser Erde suchen als Jesus Christus, wohin das Leben sie auch stellt. Das ist nicht damit gleichzusetzen, dass sie Seelsorger oder sogar Priester werden oder in einen Orden eintreten. Ein Christus geweihtes Leben ist ein Lebenszeugnis, eine Verkündigung der Frohen Botschaft mit dem Leben.

Der Weg dazu ist an erster Stelle die Betrachtung des Neuen Testamentes und besonders der Evangelien. Sie führt zu einem persönlichen Zugang zu deren Inhalten. Dazu müssen die Begleiteten das Betrachten lernen. Die Begleiterinnen und Begleiter müssen zeigen, wie man den Zugang zum Evangelium findet, wie man in einem Text oder einer *Perikope* des Evangeliums verweilt, darüber nachdenkt, in seinem Leben ähnliche oder entgegengesetzte Situationen entdeckt und, wenn es notwendig ist, sie zu ändern versucht, gute Vorsätze fasst und diese einhält. Von der Schriftbetrachtung muss eine noch größere Liebe zu Jesus Christus ausgehen. Die Schrift muss in der konkreten Situation des Lebens Orientierung geben. Dazu braucht es Hilfe von Seiten der Begleiterinnen und Begleiter. Die Begleiteten müssen lernen, sich von Jesus berühren zu lassen und eine lebendige Beziehung zu ihm zu gewinnen. Sie müssen lernen, ihre inneren Sinne dem Geschehen des Evangeliums zu öffnen, bei Worten und Ereignissen des Evangeliums zu verweilen, sich in eine Szene hineinzuversetzen und Überlegungen, Erwägungen, Vergleiche zum eigenen Leben anzustellen. Daraus entsteht eine tiefe, innere Ausrichtung auf Jesus Christus, die die Lebenshaltungen mehr verändert als der reine Wille. Sie wächst am besten in Einkehrtagen oder Exerzitien, aber von dort aus auch in den alltäglichen Gebetszeiten und Betrachtungen. Die Liebe zu Christus soll alle Schätze der Erde übertreffen. »Wo dein Schatz ist, da ist auch dein Herz« (Mt 6,21).

Ganz wichtig ist auch die Lesung von Biografien großer Heiliger. Mit den Heiligsprechungen gibt uns die Kirche Beispiele und empfiehlt uns, von den Heiligen zu lernen. In der zweiten Phase des geistlichen Lebens sind sie noch wichtiger als in der Entwicklungsstufe, in der Christus noch nicht als der Sohn Gottes wahrgenommen wurde.

2. Die praktische Kenntnis der Spiritualität der Aktion

Die Begleiterinnen und Begleiter müssen sich gut auskennen, wie man einen Entscheidungsprozess begleitet. Wann ist eine Entscheidung nötig? Wie viel Zeit braucht eine Entscheidung? Welches sind die Fallen des Entscheidungsprozesses? Viele treffen zum Beispiel eine Entscheidung, verzichten aber nicht auf die abgewählte Seite. Eine solche Entscheidung trägt nicht. Wie geht man um mit Personen, die sich nie zu einer Entscheidung durchringen können? Zusätzlich ist noch auf die Bedeutung der Absicht und ihre ständige Erneuerung zu achten. Die aktive Spiritualität ist sehr vielseitig, auch ihre Fallen sind vielfältig.

3. Die weitere Arbeit an der persönlichen Geschichte

Die eigene Vergangenheit, die Kindheit, die Beziehungen zu den Eltern und Geschwistern, die Vergangenheit der Familienkonstellation belasten das Gefühl. Sie sind bei der Entdeckung Jesu Christi meistens noch nicht ganz gelöst. Die Begleiterinnen und Begleiter müssen auf diesem Gebiet die Augen weit offen halten, um Hilfe leisten zu können.

4. Die Weiterführung des Gebetslebens

Wir haben schon gesehen, dass das aktive Leben dem Gebet meistens nicht viel Raum lässt. Dieses Ungleichgewicht muss durch intensive Absichtserneuerung und durch Intensivzeiten im Gebet ausgeglichen werden. Die Zeit, die in dieser Phase der Entwicklung des geistlichen Lebens, d.h. der Nachfolge Christi, dem Gebet gewidmet werden muss, ist viel umfangreicher als die Zeit, die nur der Einhaltung der Gebote diente.

5. Christentum ist Gemeinschaft

Jesus hat eine Gemeinschaft gegründet. Christentum ist ein soziales Netz. Christ sein bedeutet, zu einer Kirche zu gehören und beizutragen, dass das Leben dieser Gemeinschaft gesundet und gesund bleibt.
Die Kirche besteht aus vielen Menschen, die heilig sind, und vielen, die es weniger sind. Auch die Führung der Kirche ist in den Händen von Menschen. Dabei gibt es sehr viel Gutes und sehr viel Ungutes zu beobachten. Trotzdem sprechen wir von der Kirche Jesu Christi. Wir müssen lernen, das Gute mitzutragen, zu ändern, wo man ändern kann, und wo wir nichts ändern können, in Frieden zuzuschauen. Nichts ändern zu können kann oft viel Schmerz verursachen. Die Hilflosigkeit darf uns wehtun, aber innerlich unaufhörlich zu hadern ist nicht der richtige Weg. Endlos zu schimpfen ist es noch weniger. Wir müssen lernen anzunehmen, was wir nicht ändern können, und mit innerem Frieden zuzuschauen, auch wenn es nicht gut geht. Wo einer aber etwas ändern kann, da sollte er kämpfen: mit versöhntem Herzen kämpfen.
Dazu gehört auch, dass wir die Hilfen, die in unserer Zeit für die Entwicklung von Gruppen und anderen sozialen Beziehungen zugänglich sind, in Anspruch nehmen: unser

Wissen um gruppendynamische Prozesse und die Einflussmöglichkeiten auf sie, das Praktizieren gewaltfreier Kommunikation usw. Die Begleiterinnen und Begleiter müssen dies kennen, selber praktizieren und die Begleiteten konstruktiv orientieren.

VII. Die Bereicherung durch die Spiritualität der Aktion. Aber ist sie schon alles?

Die Stärke dieser Spiritualität liegt in der Entdeckung eines transzendenten Gottes. Während in der Spiritualität der Harmonie das Ziel des Lebens noch in dieser vergänglichen Welt bleibt, verlagert sich hier der Sinn des Lebens in das Jenseits. Unsere eigentliche Heimat hat sich von der Vorläufigkeit dieses Lebens in unser endgültiges Zuhause verschoben. Diese Sicht konnten wir nur deshalb erreichen, weil wir Jesus Christus als den Messias erkannt haben.

Wo müssen wir noch weitergeführt werden? Was fehlt noch an dieser Spiritualität der Sendung?

Wenn der Mensch von der Sendung Jesu Christi überzeugt ist und das Beste will, was ihn und andere zu Gott führt, aber sein Herz ihn noch zum Geld, zur Macht und zum Ansehen zieht, dann erfüllt er mit seiner Absicht und mit seinen darauf folgenden Entscheidungen nur einen geringen Teil seiner Sendung. Um aufzuhören, nach Besitz oder Macht zu trachten, muss man sein Herz, die innere Gesinnung ändern. Und das geht nur mit Absichtsänderungen und mit gutem Willen nicht.

Vermag uns Jesus Christus einen Weg zu zeigen, auf dem wir diese unsere negativen Neigungen in uns auflösen können?

Das, was noch fehlt oder wo der Weg noch weiter gehen könnte, möchte ich am weiteren möglichen Verlauf der Geschichte des jungen, reichen Mannes aufzeigen. Nehmen wir an, der junge reiche Mann hat es sich inzwischen anders überlegt, hat alles verkauft und ist Jesus gefolgt, hat sich für ihn engagiert, und sein Anliegen ist die Verkündigung der Frohen Botschaft Jesu geworden. Nach einiger Zeit kommt er zu Jesus und fragt ihn, was er noch zusätzlich für das ewige Leben tun könnte. Es könnte sein, dass Jesus ihm antwortet: »Als Antwort auf meine Berufung bist du mir nach kurzem Zögern treu gefolgt. Du hast meine Sorgen und meine Bemühungen mit mir geteilt. Tag und Nacht bist du für mich tätig. Würdest du mir auch in einer zweiten Berufung folgen?« Der junge Mann würde erstaunt und ein wenig erschrocken fragen: »Worin besteht diese zweite Berufung?« Jesus würde ihm antworten: »Wie du dich für meine Interessen einsetzt und wie du für meine Botschaft Zeugnis gibst, schätze ich sehr. Ich spüre eine tiefe Liebe zu dir. Ich rufe dich nicht dazu, dass du für mich noch mehr arbeitest, sondern dass du die Hindernisse, die zwischen dir und mir liegen, ausräumst. Ich suche eine direkte Beziehung zu dir. Die Hindernisse, die zwischen uns liegen, liegen in deinem Denken und Tun, die dich nach außen wenden. Ich bin in dir. Folge mir auch an meinen einsamen Orten und in meinen stillen Nächten nach!«

Es könnte sein, dass der junge Mann wie zuvor zunächst wieder traurig weggeht, weil er doch noch viele Aufgaben im Dienste Jesu vor sich zu haben glaubt. Ja, »zuerst ...«

Drittes Kapitel

Die Stille

I. Die Berufung zum Schauen, Lauschen und Staunen

1. Das Lernen von den Kindern

Jesus hat die Jünger gerufen und sie bald mit einer konkreten Aufgabe ausgesandt. Er hat ihnen genaue Anweisungen gegeben: für die Art und Weise ihres Auftretens, konkrete Zielsetzungen sowie Kriterien zu Entscheidungen und Vorgehensweisen: eine aktive Spiritualität. Nach den ersten Schritten in diesem engagierten Leben hat er angefangen ihnen zu zeigen, dass ihre Aktivitäten nicht viel Sinn haben und nicht die erwarteten Früchte bringen werden, wenn sie nicht in eine wesentlich tiefere persönliche Beziehung zu Gott treten werden.
Da sind zum Beispiel seine Begegnungen mit den Kindern. Jesus tadelt die Jünger, dass sie die Kinder nicht zu ihm kommen lassen, wo diese doch schon im Reich Gottes seien, während die Jünger selbst erst mit Mühe und Not dorthin kommen sollten:

> »Da brachte man Kinder zu ihm, damit er ihnen die Hände auflegte und für sie betete. Die Jünger aber wiesen die Leute schroff ab. Doch Jesus sagte: Lasst die Kinder zu mir kommen, hindert sie nicht daran! Denn Menschen wie *ihnen gehört das Himmelreich*« (Mt 19,13–14; Mk 10,13–16; Lk 18,15–17).

Er nennt die Kinder sogar ein Vorbild für andere, auch für die Jünger:

»Amen, das sage ich euch: Wer das Reich Gottes nicht so annimmt wie ein Kind, der wird nicht hineinkommen« (Lk 18,17).

Noch klarer drückt sich Jesus aus, als die Jünger ihn fragen, wer der Größte sei im Reich Gottes. Da stellt er die Kinder als Maßstab für die Jünger hin. Die Jünger, obwohl schon mit einer Sendung betraut, müssen sich zuerst neu bekehren und so werden wie die Kinder, sonst können sie nicht in das ewige Leben kommen:

»In jener Stunde kamen die Jünger zu Jesus und fragten: Wer ist im Himmelreich der Größte? Da rief er ein Kind herbei, stellte es in ihre Mitte und sagte: Amen, das sage ich euch: *Wenn ihr nicht umkehrt und wie die Kinder werdet, könnt ihr nicht in das Himmelreich kommen*« (Mt 18,1–3).

Jesus verstärkt diese Aussage noch drei Mal. Zuerst dadurch, dass er das Klein-Sein als Maßstab für die Größe im Himmelreich stellt.

»Wer so klein sein kann wie dieses Kind, der ist im Himmelreich der Größte« (Mt 18,4).

Dann identifiziert er sich ganz mit diesen Kindern:

»Und wer ein solches Kind um meinetwillen aufnimmt, der nimmt *mich* auf« (Mt 18,4–5).

Und am Ende bringt er sie in eine direkte Beziehung zu Gott, seinem Vater:

»Hütet euch davor, eines von diesen Kleinen zu verachten! Denn ich sage euch: *Ihre Engel im Himmel sehen stets das Angesicht meines himmlischen Vaters*« (Mt 18,10).

Hier befinden wir uns in einer anderen Lebenseinstellung als in der aktiven Spiritualität. Was will uns Jesus also mit dieser Wende sagen? Was hat er damit vor? Was bedeutet dieser Kontrast zu den Forderungen bei der Aussendung der Jünger?
Dieser Kontrast zur aktiven Spiritualität geht noch weiter. Statt Aufgaben zu stellen, will Jesus Ruhe und Innehalten verordnen. Den Jüngern hatte er noch Verfolgung angekündigt, stattdessen will er ihnen jetzt Ruhe verschaffen. Wie passt das zusammen?

> »Kommt alle zu mir, die ihr euch plagt und schwere Lasten zu tragen habt. Ich werde euch *Ruhe* verschaffen. Nehmt mein Joch auf euch und lernt von mir; denn ich bin gütig und von Herzen demütig; *so werdet ihr Ruhe finden für eure Seele*. Denn mein Joch drückt nicht, und meine Last ist leicht« (Mt 11,28–30).

Jesus hat den Jüngern bei ihrer Aussendung kluge und weise Instruktionen mit auf den Weg gegeben; nun aber sagt er, sein Vater habe vor den Klugen und Weisen alles verborgen:

> »In jener Zeit sprach Jesus: Ich preise dich, Vater, Herr des Himmels und der Erde, weil du all das *den Weisen und Klugen verborgen, den Unmündigen aber offenbart hast*. Ja, Vater, so hat es dir gefallen« (Mt 11,25–26).

Was will Jesus mit diesen paradoxen Botschaften ausdrücken? Was verbirgt der Himmlische Vater den Aposteln, was er den Kindern schon geoffenbart hat?

2. Der Weinstock

Im Johannesevangelium gibt uns Jesus auf unsere Frage eine sehr klare Antwort: Er ruft uns durch das stille und wortlose Gebet zu einem inneren Weg, der auf die Dauer zu einer wesentlichen Vertiefung der apostolischen Sendung führt.

Jesus nennt sich den Weinstock, uns die Reben. Die Reben können nur Frucht bringen, wenn die Kraft des Weinstockes durch sie fließt. Die Reben sollen deswegen ihre Aufmerksamkeit – statt auf die Früchte – so direkt wie möglich auf den Weinstock richten. Sie können aus eigenem Zutun keine Früchte bringen. Die Quelle der Kraft, mit der die Trauben wachsen und reifen, entspringt dem Weinstock.

Die Reben sind dagegen Kanäle, durch die die Kraft des Weinstockes fließt. Nicht die Reben tragen die Früchte, sondern der Weinstock durch sie. Deshalb muss ihre Aufmerksamkeit mehr auf die ständige Verbindung mit dem Weinstock gerichtet sein als auf das Heranreifen der Früchte. Der Weinstock lässt die Früchte wachsen, wenn die Kanäle frei sind. Die Reben müssen nicht selber das Wasser fördern, sondern sie sollen die Verbindung mit der Quelle sichern und die Kraft des Weinstockes durch sich fließen lassen. Die Kraft des Weinstockes lässt die Früchte reifen, nicht die Bemühung der Reben. Die Gnade des innewohnenden Christus wirkt durch die Jünger. Christus ist die Quelle. Seine Ausstrahlung, sein Friede, seine Liebe sollen durch die Jünger strahlen. Die Gesandten müssen nur durchlässig bleiben.

Dazu brauchen sie viele Stunden der Abgeschiedenheit in wortloser Stille, damit sie auf den Weinstock schauen, bei ihm verweilen, bei ihm auftanken, sich bei ihm zuhause fühlen und langsam mit dem Weinstock eins werden:

> »Ich bin der wahre Weinstock und mein Vater ist der Winzer. Jede Rebe an mir, die keine Frucht bringt, schneidet er ab, und jede Rebe, die Frucht bringt, reinigt er, damit sie mehr Frucht bringt. … *Wie die Rebe aus sich keine Frucht bringen kann, sondern nur, wenn sie am Weinstock bleibt, so könnt auch ihr keine Frucht bringen, wenn ihr nicht in mir bleibt. Ich bin der Weinstock, ihr seid die Reben. Wer in mir bleibt und in wem ich bleibe, der bringt reiche Frucht; denn getrennt von mir könnt ihr nichts vollbringen«* (Joh 15,1–5).

Dieser neue Weg, den Jesus hier zeigt, ist keine Einladung, inaktiv zu werden, sondern ein Ruf, sich stille Gebetszeiten vorzubehalten, in denen seine Gegenwart sich in uns entfaltet und mehr und mehr Raum einnimmt, bis wir ganz Christus auf Erden werden. Es ist eine zweite Berufung zur Nachfolge Christi, nicht geringer als die erste.

3. Ein Exorzismus

Es war bei einer dramatischen Heilung durch Jesus (Mk 9,14–29; Mt 17,14–21; Lk 9,37–42): Ein Mann brachte seinen Sohn, der »von einem stummen Geist« besessen war. Der Vater beschrieb die Symptome:

> »Er ist von einem stummen Geist besessen; immer wenn der Geist ihn überfällt, wirft er ihn zu Boden, und meinem Sohn tritt Schaum vor den Mund, er knirscht mit den Zähnen und wird starr« (Mk 9,17–18).

Der Mann beklagte sich bei Jesus, dass die Jünger Jesu den Sohn nicht hatten heilen können. Und er hatte recht zu klagen, denn Jesus hatte den Jüngern Vollmacht gegeben, böse Geister auszutreiben (Mk 6,7). Deswegen hätten sie eigentlich die Kraft haben müssen, den Jungen zu heilen. Deshalb fragte nun Jesus den Vater, ob er glaube, dass er (Jesus) ihn heilen könne. Der Mann antwortete mit einem treffenden und zugleich demütigen Wort:

> »Ich glaube, hilf meinem Unglauben« (Mk 9,24).

Jesus heilte den Jungen. Der beruhigte sich und lag noch ganz still am Boden, so dass die Menschen glaubten, er sei tot. Jesus richtete ihn auf, und der Junge erhob sich. Daraufhin ging Jesus mit den Jüngern nach Hause. Erst da trauten sie sich, ihn zu fragen, warum sie den Jungen nicht hatten heilen können. Sie meinten, es sei wohl in ihm ein unbändiger Geist gewesen. Jesus antwortete:

> »Diese Art kann nur durch Gebet ausgetrieben werden« (Mk 9,29).

Es war, als würde er sagen: Es lag nicht an der Größe oder der Bosheit des Geistes, sondern daran, dass ihr noch keine durchlässigen Kanäle der Gnade seid. Ihr betet noch nicht gut oder nicht genug.
Ist es nicht ein klares Zeichen dafür, dass Jesus bei der Ausbildung der Jünger auf die Entwicklung ihres Gebetslebens großen Wert gelegt hat, dass er die Jünger lehrte, durch regelmäßiges Gebet freie Kanäle der Gnade zu werden, so wie er selbst sich lange Gebetszeiten genommen hatte? Jesus sagt damit: Es genügt nicht, dass ihr hinausgeht und predigt und zu heilen versucht! Ihr müsst aus meiner Kraft heilen, und das ist nur möglich, wenn ihr euch mehr mit

meiner Kraft verbindet. Ihr müssst mit mir enger in Verbindung sein. Ihr müsst inniger und länger beten. Ist das nicht eine konkrete Anwendung von der Lehre über den Weinstock und die Reben?
Beschweren wir uns heute nicht oft über die Menschen, dass sie so wenig glauben und dass viele aus der Kirche austreten? Würde Jesus uns nicht eine ähnliche Antwort geben: Diese Verhältnisse könnt ihr nur mit längeren, stillen Gebetszeiten ändern? Meine Kraft fließt nur noch sehr spärlich durch euch!

4. Die Sorgen

Von einer ganz anderen Seite beleuchtet Jesus seine Bitte um stille und wortlose Gebetszeiten, wenn er sagt, wir sollten uns keine Sorgen machen. Im Evangelium wiederholt er diesen seinen Wunsch fünf Mal. Es ist eine klare und nachdrückliche Berufung zum stillen und wortlosen Gebet. Wir schauen zuerst alle fünf Textstellen an.
Die Bergpredigt wird als die wichtigste Programmpredigt Jesu angesehen, die das Gesamtbild seiner Botschaft darstellt. Sie erstreckt sich im Matthäusevangelium über drei Kapitel und enthält mehrere wichtige Aussagen Jesu wie die Seligpreisungen, das Gebot der Feindesliebe, das Vaterunser und andere. Doch wenn man allgemein von der Bergpredigt spricht, denkt man an die Lehre Jesu von den Vögeln und den Lilien, in der er uns aufruft, uns von den *Sorgen* dieser Welt zu befreien. Dies ist ein zentrales Anliegen der Botschaft Jesu:

> »Deswegen sage ich euch: *Sorg*t euch nicht um euer Leben und darum, dass ihr etwas zu essen habt, noch um euren Leib und darum, dass ihr etwas anzuziehen habt. Ist nicht das Leben wichtiger als die Nahrung und der Leib wichtiger als die Kleidung? Seht euch die *Vögel des Himmels* an: Sie säen nicht, sie ernten nicht und sammeln keine Vorräte in Scheunen; euer himmlischer Vater ernährt sie. Seid ihr nicht viel mehr wert als sie? Wer von euch kann mit all seiner *Sorge* sein Leben auch nur um eine kleine Zeitspanne verlängern? Und was *sorgt* ihr euch um eure Kleidung? Lernt von den *Lilien*, die auf dem Feld wachsen: Sie arbeiten nicht und spinnen nicht. Doch ich sage euch: Selbst Salomo war in all seiner Pracht nicht gekleidet wie eine von ihnen. Wenn aber Gott schon das Gras so prächtig kleidet, das heute auf dem Feld steht und morgen ins Feuer geworfen wird, wie viel mehr dann euch, ihr Kleingläubigen! Macht euch also keine *Sorgen* und fragt nicht: Was sollen wir essen? Was sollen wir trinken? Was sollen wir anziehen? Denn um all das geht es den Heiden. Euer himmlischer Vater weiß, dass ihr das alles braucht. Euch aber muss es zuerst um sein Reich und um seine Gerechtigkeit gehen; dann wird euch alles andere dazugegeben. *Sorgt* euch also nicht um morgen; denn der morgige Tag wird für sich selbst *sorgen*« (Mt 6,25–34; Lk 12,22–32).

Alles, was der im Prunk lebende Salamon ein Leben lang mühsam, mit viel Geld, mit großer Macht und mit der Hilfe eines ganzen Volkes zusammentragen hatte, ist nicht zu vergleichen mit einer einzigen Lilie, die ihre ganze Pracht ohne Sorgen als reines Geschenk von Gott empfängt. Viele, die diesen Text lesen oder betrachten, bleiben bei dem Eindruck der schönen Lilien stehen, ohne zu merken, dass hier gar nicht die Lilien im Zentrum stehen, sondern die Sorgen. Sie kommen im Text sechs Mal vor und durchziehen alle Aussagen. Dies bedeutet eine nachdrückliche Aufforderung Jesu, unsere Sorgen abzulegen. Aber wie können wir in dieser hektischen Welt die Sorgen vollständig ablegen? Schauen wir zunächst noch die anderen Textstellen an.

Den folgenden Sorgentext finden wir bei allen drei *Synoptikern*, aber mit gewissen Varianten.

Liebe Leserin und lieber Leser, stellen Sie sich vor, Sie sind fälschlicherweise eines schweren Verbrechens angeklagt, zum Beispiel, einen Mord begangen zu haben. Sie müssen vor Gericht erscheinen und Sie beauftragen keinen Anwalt, Sie zu verteidigen; Sie überlegen nicht, was der Richter fragen könnte, welches Alibi Sie vorbringen könnten oder was Sie antworten werden, sondern Sie treffen entspannt zur Gerichtsverhandlung ein, weil Sie alle Ihre *Sorgen* dem Heiligen Geist überlassen haben und sicher sind, dass er Ihnen im richtigen Augenblick die richtigen Worte eingeben wird. Mir scheint das unmöglich. Doch Jesus verlangt von uns, unsere Sorgen so radikal loszulassen:

> »Und wenn man euch abführt und vor Gericht stellt, dann macht euch nicht im Voraus *Sorgen*, was ihr sagen sollt; sondern was euch in jener Stunde eingegeben wird, das sagt! Denn nicht ihr werdet dann reden, sondern der Heilige Geist« (Mk 13,11).

> »Seht, ich sende euch wie Schafe mitten unter die Wölfe; seid daher klug wie die Schlangen und arglos wie die Tauben! Nehmt euch aber vor den Menschen in Acht!

> Denn sie werden euch vor die Gerichte bringen und in ihren Synagogen auspeitschen. Ihr werdet um meinetwillen vor Statthalter und Könige geführt, damit ihr vor ihnen und den Heiden Zeugnis ablegt. Wenn man euch vor Gericht stellt, macht euch keine *Sorgen*, wie und was ihr reden sollt; denn es wird euch in jener Stunde eingegeben, was ihr sagen sollt. Nicht ihr werdet dann reden, sondern der Geist eures Vaters wird durch euch reden« (Mt 10,16–20).

> »Man wird euch um meines Namens willen den Gerichten der Synagogen übergeben, ins Gefängnis werfen und vor Könige und Statthalter bringen. ... Nehmt euch fest vor, nicht im Voraus für eure Verteidigung zu *sorgen*; denn ich werde euch die Worte und die Weisheit eingeben, so dass alle eure Gegner nicht dagegen ankommen und nichts dagegen sagen können« (Lk 21,12–15).

Es ist unglaublich und unerhört, wie kategorisch Jesus uns von den Sorgen fernhalten will. Aber wie legen wir die Sorgen ab? Wenn wir nicht an sie denken, arbeiten sie weiter in uns. Wir haben sie nicht abgelegt.
Kurz nach diesem Zitat aus dem Lukasevangelium spricht Jesus wieder von den Sorgen und stellt sie mit Betrunkenheit und – ich würde sagen – Drogenabhängigkeit gleich. Damit stuft Jesus die Sorgen als eine schwere Krankheit ein:

> »Nehmt euch in Acht, dass *Rausch* und *Trunkenheit* und die *Sorgen des Alltags* euch nicht verwirren und dass jener Tag euch nicht plötzlich überrascht« (Lk 21,34).

Im Gleichnis des Sämanns stellt Jesus die Sorgen in eine Reihe mit dem trügerischen Reichtum:

> »In die Dornen ist der Samen bei dem gefallen, der das Wort zwar hört, aber dann ersticken es die *Sorgen dieser Welt* und der trügerische Reichtum, und es bringt keine Frucht« (Mt 13,22; Mk 4,19).

Es gibt noch einen weiteren *Sorgentext,* der uns sehr genau vor Augen stellt, was Jesus mit der Sorgenbekämpfung meint und wieweit die Sorgen die persönliche Beziehung zu Jesus blockieren können:

> »Maria (von Bethanien) setzte sich dem Herrn zu Füßen und hörte seinen Worten zu. Marta aber war ganz davon in Anspruch genommen, für ihn zu *sorgen.* Sie kam zu ihm und sagte: Herr, kümmert es dich nicht, dass meine Schwester die ganze Arbeit mir allein überlässt? Sag ihr doch, sie soll mir helfen! Der Herr antwortete: Marta, Marta, *du machst dir viele Sorgen und Mühen. Aber nur eines ist notwendig. Maria hat das Bessere gewählt, das soll ihr nicht genommen werden«* (Lk 10,39–42).

Jesus wirft Marta vor, mit ihrem Dienst an ihm das einzig und allein Bessere zu versäumen. Dabei macht Jesus einen Vergleich zwischen der besorgten Hausarbeit und der beschaulichen Liebe zu Jesus. In Predigten über diesen Text habe ich immer gehört, beide Haltungen seien wichtig: zu arbeiten und beschaulich zu sein. Jesus hat aber etwas anderes gesagt: Eines ist notwendig. Was Maria gewählt hat, ist besser, und er rügt Marta, die wegen ihrer Sorgen und Mühen das Zusammensein mit Jesus verpasst. Klarer konnte sich Jesus nicht mehr ausdrücken. Aus diesem Text ergibt sich eindeutig und ohne Zweifel, dass Jesus uns zum reinen Schauen und Hören auf ihn führen will. Seine Sorgenbekämpfung zielt auf das kontemplative und wortlose Schauen auf ihn: ganz so, wie es Maria getan hat. Da bleibt kein Platz zum Zweifeln.

Zusammenfassend können wir anmerken, dass die Aktivitäten hier auf Erden Sorgen mit sich bringen. Das gehört zu ihrem Wesen. Um ein Ziel zu erreichen, muss ich denken, planen, Ziele setzen, Mittel zur Erreichung der Ziele auswählen, unterscheiden, entscheiden, Entschlüsse fassen, ausführen und überprüfen; all das, was Aktivitäten fordern, bereitet Sorgen. Nur im reinen Schauen gibt es keine Sorgen. Wenn Jesus uns bittet, alle unsere Sorgen abzulegen, bittet er uns darum – wenigstens für kurze Zeit – immer wieder zum reinen Schauen zu kommen. Das aber schließt Gedanken, Planungen, Ab- und Zuneigungen und jegliche Aktivitäten vollständig aus. Der Weg kann nicht anders beschritten werden. Das hat Jesus sehr treffend mit den Lilien ausgedrückt. Die Lilien denken nicht, planen nicht, wollen nichts, haben keine Leidenschaften und andere Gefühle, sie praktizieren nicht die Nächstenliebe. Sie haben keine Ziele und setzen keine Mittel ein, irgendwelche Ziele zu erreichen. Sie sind einfach da. Sie loben Gott durch ihre Gegenwart. Es geht nicht darum, inaktiv zu sein, sondern nur darum, beträchtliche Zeiten dem reinen und ausschließlichen Schauen auf Gott zu widmen.

5. Die Seligpreisungen

Die Seligpreisungen verstärken die Botschaft der inneren Stille.

»Er sagte:
Selig, die arm sind vor Gott; denn ihnen gehört das Himmelreich.
Selig die Trauernden; denn sie werden getröstet werden.
Selig, die keine Gewalt anwenden; denn sie werden das Land erben.
Selig, die hungern und dürsten nach der Gerechtigkeit; denn sie werden satt werden.
Selig die Barmherzigen; denn sie werden Erbarmen finden.
Selig, die ein reines Herz haben; denn sie werden Gott schauen.
Selig, die Frieden stiften; denn sie werden Söhne Gottes genannt werden.
Selig, die um der Gerechtigkeit willen verfolgt werden; denn ihnen gehört das Himmelreich.
Selig seid ihr, wenn ihr um meinetwillen beschimpft und verfolgt und auf alle mögliche Weise verleumdet werdet. Freut euch und jubelt; euer Lohn im Himmel wird groß sein« (Mt 5,3–12).

Die Seligpreisungen sind alle aus demselben Textzusammenhang wie die Predigt Jesu von den Lilien. Sie unterscheiden sich wesentlich von der Spiritualität der Sendung. Ein richtig aktiver Mensch muss sich mit diesen Seligpreisungen verloren fühlen: arm sein, trauern, keine Gewalt anwenden, hungern, barmherzig sein, ein reines Herz haben, verfolgt und beschimpft zu werden ... Keine von diesen Haltungen kann durch Aktivität erreicht werden. Frieden stiften wäre noch die einzige. Doch selbst Frieden zu stiften lässt sich eher durch inneren Frieden erreichen als durch viel Reden und Tun. Die Seligpreisungen führen in eine neue Weite. Während uns in der Spiritualität der Sendung noch Schätze hier auf Erden bleiben, liegen alle Schätze, die in den Seligpreisungen versprochen werden, im Reich Gottes, das jetzt schon unter uns ist. Sie befinden sich in unserem Seelengrund: das Land erben, Erbarmen finden, Gott schauen, Söhne Gottes genannt werden, großen Lohn im Himmel bekommen. Auch das Satt-Werden bezieht sich auf das Jenseits, ebenso das Getröstet-Werden. Alle diese Verheißungen führen zum stillen Schauen auf das Reich Gottes, letztlich auf Gott in unserer Seelenmitte.

6. Der Knecht

Es gibt noch weitere Seligpreisungen im Evangelium. Eine von ihnen hat für uns hier große Bedeutung. Sie beschreibt das kontemplative Gebet so genau, dass es kaum genauer beschrieben werden kann: Der Diener, der in der dunklen Nacht hellwach und mit Interesse nach seinem Herrn ausschaut, obwohl er ihn noch gar nicht sieht. Er schaut nur in die Richtung, aus der er kommen wird. Er schaut hellwach in die dunkle Straße, und sein Herz harrt geduldig und still auf das Kommen seines Herrn:

> »Legt euren Gürtel nicht ab, und lasst eure Lampen brennen! Seid wie Menschen, die auf die Rückkehr ihres Herrn warten, der auf einer Hochzeit ist, und die ihm öffnen, sobald er kommt und anklopft. *Selig die Knechte*, die der Herr wach findet, wenn er kommt. Amen, ich sage euch: Er wird sich gürten, sie am Tisch Platz nehmen lassen und sie der Reihe nach bedienen.

> Und kommt er erst in der zweiten oder dritten Nachtwache und findet sie wach – *selig sind sie*« (Lk 12,35–38).

Es ist eine genaue Beschreibung des stillen und wortlosen Gebetes: sich ohne Sorgen mit den eigenen Gedanken, eigenen Gefühlen, mit eigenen Aufgaben zu beschäftigen und mit seiner Aufmerksamkeit und seinem Interesse ganz bei seinem Herrn zu bleiben. In dieser Seligpreisung wird die Berufung zum stillen und wortlosen Schauen auf Gott klar benannt und dramatisch dargestellt.

7. Die Einladung zum Festmahl

Auch das Gleichnis vom Festmahl ist eine klare Berufung zum sorgenfreien Beisammensein mit Jesus Christus.

> »Als einer der Gäste das hörte, sagte er zu Jesus: Selig, wer im Reich Gottes am Mahl teilnehmen darf. Jesus sagte zu ihm: Ein Mann veranstaltete ein großes Festmahl und lud viele dazu ein. Als das Fest beginnen sollte, schickte er seinen Diener und ließ den Gästen, die er eingeladen hatte, sagen: Kommt, es steht alles bereit! Aber einer nach dem andern ließ sich entschuldigen. Der erste ließ ihm sagen: Ich habe einen Acker gekauft und muss jetzt gehen und ihn besichtigen. Bitte, entschuldige mich! Ein anderer sagte: Ich habe fünf Ochsengespanne gekauft und bin auf dem Weg, sie mir genauer anzusehen. Bitte, entschuldige mich! Wieder ein anderer sagte: Ich habe geheiratet und kann deshalb nicht kommen. Der Diener kehrte zurück und berichtete alles seinem Herrn. Da wurde der Herr zornig und

> sagte zu seinem Diener: Geh schnell auf die Straßen und Gassen der Stadt und hol die Armen und die Krüppel, die Blinden und die Lahmen herbei. Bald darauf meldete der Diener: Herr, dein Auftrag ist ausgeführt, aber es ist immer noch Platz. Da sagte der Herr zu dem Diener: Dann geh auf die Landstraßen und vor die Stadt hinaus und nötige die Leute zu kommen, damit mein Haus voll wird. Das aber sage ich euch: Keiner von denen, die eingeladen waren, wird an meinem Mahl teilnehmen« (Lk 14,15–24).

Der Sinn des Gleichnisses ist ziemlich klar. Es gibt eine Einladung zu einem Festmahl. Es ist nicht eine Einladung, mehr zu arbeiten, was nur mit Sorgen vonstatten gehen würde, sondern eine Einladung, diese Aktivitäten zu unterlassen und in der Gegenwart Gottes zu feiern. Es ist die Einladung, bei Gott zu verweilen. So auch beim verlorenen Sohn: Die Begegnung des jüngeren Sohnes mit dem Vater wird mit einem Mahl gefeiert. Sogar der Höhepunkt der Begegnung der Apostel mit Jesus ist das letzte Abendmahl mit der Feier der Eucharistie. Dagegen stehen konkrete Arbeiten, die mit Sorgen verbunden sind: sich mit Ochsen oder mit Äckern zu beschäftigen oder selber ein Fest zu gestalten.

8. Die zehn Jungfrauen

Das Gleichnis von den zehn Jungfrauen im Matthäusevangelium ist ebenfalls eine Einladung, hellwach und ganz vorbereitet auf Christus, den Bräutigam, ausgerichtet zu verweilen:

»Dann wird es mit dem Himmelreich sein wie mit zehn Jungfrauen, die ihre Lampen nahmen und dem Bräutigam entgegengingen. Fünf von ihnen waren töricht, und fünf waren klug. Die törichten nahmen ihre Lampen mit, aber kein Öl, die klugen aber nahmen außer den Lampen noch Öl in Krügen mit. Als nun der Bräutigam lange nicht kam, wurden sie alle müde und schliefen ein. Mitten in der Nacht aber hörte man plötzlich laute Rufe: Der Bräutigam kommt! Geht ihm entgegen! Da standen die Jungfrauen alle auf und machten ihre Lampen zurecht. Die törichten aber sagten zu den klugen: Gebt uns von eurem Öl, sonst gehen unsere Lampen aus. Die klugen erwiderten ihnen: Dann reicht es weder für uns noch für euch; geht doch zu den Händlern und kauft, was ihr braucht. Während sie noch unterwegs waren, um das Öl zu kaufen, kam der Bräutigam; die Jungfrauen, die bereit waren, gingen mit ihm in den Hochzeitssaal, und die Tür wurde zugeschlossen. Später kamen auch die anderen Jungfrauen und riefen: Herr, Herr, mach uns auf! Er aber antwortete ihnen: Amen, ich sage euch: Ich kenne euch nicht. Seid also wachsam! Denn ihr wisst weder den Tag noch die Stunde« (Mt 25,1–13).

9. Jesus und die Stille

Wenn man verstehen will, warum Jesus das stille Schauen auf Gott für so wichtig hält, müssen wir uns an drei Tatsachen erinnern.

a. Das außerwählte Volk war vierzig Jahre lang in der Wüste herumgezogen. Dort hatte Mose seine bedeutendste Gotteserfahrung in der gesamten Geschichte des Volkes erlebt. Diese Wüstenzeit war dem Volk tausend Jahre lang eine der wichtigsten Offenbarungen geblieben.

b. In Nazaret, fern noch von seinem aktiven Auftrag im stillen Leben mit Maria und Joseph, hatte Jesus seine menschliche Reife erlangt. Er ist nicht vor den großen Aufgaben in die Stille geflüchtet. Das stille, kontemplative Verhalten Mariens hatte ihn geprägt. Wir können es nicht genug bewundern, dass Jesus mit seiner göttlichen Reife, mit seiner Begabung, mit Menschen umzugehen, und mit dem Bewusstsein seiner Sendung dreißig Jahre lang in der Stille verweilte und sich in diesem besinnlichen Schweigen auf sein öffentliches Leben vorbereitete. Wir müssen alle seine Einladungen zum stillen und wortlosen Gebet von diesem Hintergrund aus deuten.

c. Eine wichtige Zeit des Gebetes war für Jesus sein Aufenthalt in der Wüste. Dass im Evangelium vierzig Tage genannt werden, kann als symbolische Zahl für die vierzig Jahre Wanderung des erwählten Volkes in der Wüste gelten. Es könnte gut sein, dass Jesus sich längere Zeit in der Wüste aufhielt. Dort verweilte er wohl Tag und Nacht in stillem Gebet (Mt 4,1–11; Mk 1,12f.; Lk 4,1–13). Die Versuchungen Jesu zeigen, dass er in der Einsamkeit die ersten Leiden für die Menschheit durchlebte.
Diese drei Tatsachen begründen sehr tief, dass er auch uns zum stillen und wortlosen Gebet beruft. Er lebte in der Haltung, zu der er auch die anderen einlud. Sie bestimmte auch sein Gebetsleben während seines aktiven Lebens. Dies werden wir im Folgenden untersuchen.

10. Jesu Gebetszeiten

In den drei Jahren seines öffentlichen Wirkens hat Jesus ein überaus aktives Leben geführt.

In unserer hektischen und überaktiven Welt sind wir ähnlich von Zeitnot bedrängt wie Jesus damals von den Menschenmassen, die ihn aufsuchten, um Heilung zu erlangen, oder vom ewigen Leben erfahren wollten. Neben der Ausbildung der Jünger und dem Umgang mit den Pharisäern, bei denen er oft zu Gast war, hat er sich viel Zeit für das Beten in der Einsamkeit genommen: frühmorgens und spätabends, ganze Nächte, stille Zeiten auf Bergen, an einsamen Orten, im Tempel und in Synagogen, am Ölberg, mit oder ohne seine Jünger. Er hat sich immer wieder Zeit genommen. Schauen wir einige Textstellen an.

Als Jesus zwölf Jahre alt war, blieb er schon einmal drei volle Tage im Tempel (Lk 2,46). Auf die Frage seiner Mutter, warum er ihnen das angetan habe, antwortete er:

> »Warum habt ihr mich gesucht? Wusstet ihr nicht, dass ich in dem sein muss, was meinem Vater gehört?« (Lk 2,49).

Auch Aussagen der Evangelisten, die nicht ausdrücklich besagen, dass er sich zum Beten zurückzog, lassen Entsprechendes aus dem Kontext entnehmen:

> »Jesus zog sich mit seinen Jüngern an den See zurück« (Mk 3,7).

> »Die Apostel versammelten sich wieder bei Jesus und berichteten ihm alles, was sie getan und gelehrt hatten. Da sagte er zu ihnen: Kommt mit an einen einsamen Ort, wo wir allein sind« (Mk 6,30–31).

»Danach schickte er sie nach Hause. Gleich darauf stieg er mit seinen Jüngern ins Boot und fuhr in das Gebiet von Dalmanuta« (Mk,8,9–10).

Dann nahm er sie beiseite und zog sich in die Nähe der Stadt Betsaida zurück, um mit ihnen allein zu sein« (Lk 9,10).

(Nach der Enthauptung Johannes' des Täufers:) »Als Jesus all das hörte, fuhr er mit dem Boot in eine einsame Gegend, um allein zu sein« (Mt 14,13).

»Jesus betete einmal an einem Ort; und als er das Gebet beendet hatte, sagte einer seiner Jünger zu ihm: Herr, lehre uns beten ...« (Lk 11,1).

»In aller Frühe, als es noch dunkel war, stand er auf und ging an einen einsamen Ort, um zu beten« (Mk 1,35).

»Bei Tagesanbruch verließ er die Stadt und ging an einen einsamen Ort« (Lk 4,42).

Nach der Speisung der Viertausend:

»Sein Ruf verbreitete sich immer mehr, so dass die Menschen von überall herbeiströmten. Sie alle wollten ihn hören und von ihren Krankheiten geheilt werden. Doch er zog sich an einen einsamen Ort zurück, um zu beten« (Lk 5,15–16).

»Jesus betete einmal in der Einsamkeit, und die Jünger waren bei ihm« (Lk 9,18).

»Etwa acht Tage nach diesen Reden nahm Jesus Petrus, Johannes und Jakobus beiseite und stieg mit ihnen auf einen Berg, um zu beten« (gemeint ist der Berg Tabor, von dem wir bald mehr hören werden; Lk 9,28).

> »Da erkannte Jesus, dass sie kommen würden, um ihn in ihre Gewalt zu bringen und zum König zu machen. Daher zog er sich wieder auf den Berg zurück, er allein« (Joh 6,15).

Auch spontan am Tag während der Arbeit betete Jesus:

> »In dieser Stunde rief Jesus, vom Heiligen Geist erfüllt, voll Freude aus: Ich preise dich, Vater, Herr des Himmels und der Erde ...« (Lk 10,21; Mt 11,25).

Ich nehme an, dass Jesus mit seinem Vater in seinem Gebet keine Worte brauchte, weil er keine Worte nötig hatte, um mit ihm zu kommunizieren. Seine Verbindung war das Eins-Sein mit ihm. So musste er nur in der Gegenwart des Vaters verweilen. Wenn Jesus manchmal doch mit Worten betete, geschah es wegen der Menschen.
Die Texte, die ich hier zitiert habe, befinden sich eher am Anfang der Evangelien. Jesus hat wohl seine Gewohnheit zu beten beibehalten. Doch im Verlauf ihrer Berichte wollten die Evangelisten nicht mehr so oft wiederholen, dass Jesus sich zum Gebet zurückzog. So erklärt sich vielleicht, warum seine Gebetszeiten im Verlauf der Evangelien nicht mehr so häufig erwähnt werden.
Zu diesen Texten muss man noch seine Besuche in den Synagogen rechnen. Die Synagoge war ein Haus des Gebetes. Ich kann mir nicht vorstellen, dass Jesus nicht jedes Mal gebetet hätte, wenn er sich dort aufhielt.
Dreimal wird ausdrücklich betont, dass Jesus die ganze Nacht hindurch im Gebet verweilte. Der erste Text bezieht sich auf die Nacht vor der Wahl der Apostel:

> »In diesen Tagen ging er auf einen Berg, um zu beten. Und er verbrachte die ganze Nacht im Gebet zu Gott.

> Als es Tag wurde, rief er seine Jünger zu sich und wählte aus ihnen zwölf aus ...« (Lk 6,12–13; Mt 10,1–4).

Nach der Brotvermehrung verharrte er ebenfalls eine ganze Nacht im Gebet bis zur vierten Nachtwache, also bis etwa vier Uhr morgens. Diese Beschreibung lässt vermuten, dass er die Gewohnheit hatte, nach intensiveren Tagesaktivitäten die Nacht im Gebet zu verbringen:

> »Nachdem er sie (die Leute) weggeschickt hatte, stieg er auf einen Berg, um in der Einsamkeit zu beten. Spät am Abend war er immer noch allein auf dem Berg. Das Boot aber war schon viele Stadien vom Land entfernt und wurde von den Wellen hin und her geworfen; denn sie hatten Gegenwind. In der vierten Nachtwache kam Jesus zu ihnen; er ging auf dem See« (Mt 14,23–25).

Jesus hatte die Gewohnheit, in der Nacht auf den Ölberg zu gehen. Ein Haus oder eine bekannte Familie wie in Bethanien gab es dort nicht, und was Jesus dort tat, können wir uns vorstellen. Er blieb wohl jedes Mal die ganze Nacht im Gebet:

> »Dann gingen alle nach Hause. Jesus aber ging zum Ölberg. Am frühen Morgen begab er sich wieder in den Tempel« (Joh 8,1–2).

Lukas berichtet sogar von der Gewohnheit Jesu, die Nacht auf dem Ölberg zu verbringen:

> »Dann verließ Jesus die Stadt und ging, *wie er es gewohnt war,* zum Ölberg« (Lk 22,39).

> »Tagsüber lehrte Jesus im Tempel, *abends aber ging er zum Ölberg hinaus und verbrachte dort die Nacht.*

> Schon früh am Morgen kam das ganze Volk zu ihm in den Tempel, um ihn zu hören« (Lk 21,37–38).

Alle drei *Synoptiker* schreiben ausführlich über Jesu Gebet vor seinem Tod und wie er sich dabei dem Willen des Vaters unterworfen hat:

> »Als er dort war, sagte er zu ihnen: Betet darum, dass ihr nicht in Versuchung geratet! Dann entfernte er sich von ihnen ungefähr einen Steinwurf weit, kniete nieder und betete: Vater, wenn du willst, nimm diesen Kelch von mir! Aber nicht mein, sondern dein Wille soll geschehen. Da erschien ihm ein Engel vom Himmel und gab ihm (neue) Kraft. Und er betete in seiner Angst noch intensiver, und sein Schweiß war wie Blut, das auf die Erde tropfte« (Lk 22,40–44; Mt 26,30.36–46; Mk 14,26.32–42).

Zusammenfassend können wir sagen, dass die Evangelisten eine sehr intensive Gebetspraxis Jesu bezeugen: Jesus verbrachte ganze Nächte im Gebet, und er tat, was für den heutigen aktiven Menschen unmöglich scheint: Obwohl Jesus von der Menge oft bedrängt wurde, konnte er sie einfach wegschicken, um stundenlang zu beten.

11. Jesus lehrte die Apostel wortlos zu beten

Jesus hat sich nicht nur selbst zum Beten zurückgezogen, sondern lehrte auch seine Jünger beten.

a. Am Berg Tabor

Der Weg von Kafarnaum zum Berg Tabor muss hin und zurück mindestens zwei Tage in Anspruch genommen haben (etwa 100 km). Jesus ging mit Petrus, Jakobus und Johannes auf den Berg. Oben verbrachten sie wohl wenigstens eine Nacht im Gebet. Von einem Gespräch nach der Vision ist keine Rede, vielmehr bat Jesus sie, nicht über diese Erfahrung zu sprechen:

> »Etwa acht Tage nach diesen Reden (sc. Nachfolge, Selbstverleugnung) nahm Jesus Petrus, Johannes und Jakobus beiseite und stieg mit ihnen auf einen Berg, *um zu beten*. Und während er betete, veränderte sich das Aussehen seines Gesichtes, und sein Gewand wurde leuchtend weiß. Und plötzlich redeten zwei Männer mit ihm. Es waren Mose und Elija; sie erschienen in strahlendem Licht und sprachen von seinem Ende, das sich in Jerusalem erfüllen sollte. Petrus und seine Begleiter aber waren eingeschlafen, wurden jedoch wach und sahen Jesus in strahlendem Licht und die zwei Männer, die bei ihm standen. Als die beiden sich von ihm trennen wollten, sagte Petrus zu Jesus: Meister, es ist gut, dass wir hier sind. Wir wollen drei Hütten bauen, eine für dich, eine für Mose und eine für Elija. Er wusste aber nicht, was er sagte. Während er noch redete, kam eine Wolke und warf ihren Schatten auf sie. Sie gerieten in die Wolke hinein und bekamen Angst. Da rief eine Stimme aus der Wolke: Das ist mein auserwählter Sohn, auf ihn sollt ihr hören. Als aber die Stimme erklang, war Jesus wieder allein. Die Jünger schwiegen jedoch über das, was sie gesehen hatten, und erzählten in jenen Tagen niemand davon« (Lk 9,28–36; Mt 17,1–9; Mk 9,2–8).

b. Die Frauen, die ihm in Stille folgten

Einige Frauen waren ihm schon in Galiläa nachgefolgt. Die Evangelisten berichten von keinen nennenswerten Gesprächen Jesu mit diesen Frauen. Hatte er sie nicht eher mit seiner Gegenwart und seiner Liebe begleitet als mit Gesprächen? Bei seinem Kreuzweg auf der Via Dolorosa bis zum Schließen des Grabes haben sie in Stille auf ihn geschaut (Mk 15,40–41). Während der Kreuzigung, bei der sich die Apostel – mit Ausnahme von Johannes – nicht getrauten, anwesend zu sein, standen sie stundenlang ohne Worte und schauten auf den Herrn. Jesus hatte sie mit seiner Gegenwart beten gelehrt. Das kann als die eigentliche geistliche Begleitung gelten.

c. Nicht plappern

Den Menschen, die sich noch am Anfang des geistlichen Weges befinden (vgl. Erstes Kapitel) sagt Jesus, sie sollten im Gebet bitten. Beim Gebet der Stille passt das Bitten nicht mehr ins Beten. Die Stille ist mehr als alle Bittgebete:

> *»Wenn ihr betet, sollt ihr nicht Plappern wie die Heiden, die meinen, sie werden nur erhört, wenn sie viele Worte machen. Macht es nicht wie sie; denn euer Vater weiß, was ihr braucht, noch ehe ihr ihn bittet« (Mt 6,7–8).*

d. Im Geist anbeten

Der Samariterin sagt Jesus, dass sich wirkliche Anbetung ohne Worte vollzieht. Beten braucht keinen bestimmten Ort und keine Worte, es geschicht in unserem Geist:

> *»Die Stunde kommt, und sie ist schon da, zu der die wahren Beter den Vater anbeten werden im Geist und in der Wahrheit; denn so will der Vater angebetet wer-*

den. Gott ist Geist, und alle, die in anbeten, müssen im Geist und in der Wahrheit anbeten« (Joh 4,23–24).

12. Zusammenfassung

Nach dieser Auswahl von Texten – mit immerhin mehr als vierzig Zitaten – sehen wir, dass das stille und wortlose Gebet auch für Jesus selbst sehr wichtig war und dass Jesus uns nachdrücklich aufgerufen hat, ihm in seinem Gebetsleben zu folgen. Dies ist eine Berufung, die in den Evangelien mit gleichem Nachdruck betont wird wie die Berufung, das Reich zu verkünden.

Neu ist, dass die Einladung uns nicht nach außen schickt, sondern eine Wende nach innen verlangt. Ganz unmissverständlich ist diese Berufung, uns nach innen zu wenden, in den Passagen, in denen Jesus uns bittet, sorgenfrei zu bleiben, denn mit Gedanken, Beschäftigungen und mit Ab- und Zuneigungen sind wir notwendigerweise nach außen gerichtet und an Sorgen gebunden. Nur im Schauen, im Lauschen und im Staunen können wir sorgenfrei bleiben. Das ist die eigentliche Forderung der Bergpredigt.

Diese neue Berufung schwächt die Sendung, das Reich zu verkünden, nicht ab. Ganz im Gegenteil: Sie gibt der Verkündigung ihre eigentliche Kraft und Tiefe, wie wir das beim Weinstock und bei den Reben gesehen haben.

Konkret wird der scheinbare Widerspruch zwischen Schauen und Verkünden dadurch aufgelöst, dass wir unsere Zeit teilen. Wenn wir unsere Schätze wirklich und ganzheitlich in das Himmelreich verlagern wollen, müssen wir diese aktive Welt für eine kurze Zeitspanne verlassen. Zuerst geht es um eine kurze Zeitspanne: vielleicht täglich um eine halbe oder eine Stunde. Aber in dieser halben Stunde müssen wir lernen, mit einer hellwachen Aufmerksamkeit, ohne Tätigkeit, ohne Gedanken, ohne Ab- oder Zuneigungen zu Personen oder Sachen ganz und gar beim Schauen auf unserem Schatz im Himmel, auf Jesus Christus, auszuharren.

Wir stehen vor einer neuen Dimension der Nachfolge. Sie beruft uns, Jesus Christus in seinem stillen, wortlosen und gedankenfreien Schauen auf den Vater zu folgen. Diese Berufung verlangt von uns nichts, was wir konkret leisten sollen, sondern führt uns vielmehr dahin, alles zu unterlassen, was die große Gnade des Eins-Werdens behindert. Wir sollen also alle unsere Aktivitäten, unsere Gedanken und unsere Ab- und Zuneigungen zurücklassen.

II. Die Aufgabe der Begleiter

Die Aufgabe der Begleiterinnen und Begleiter in dieser Spiritualität des Schauens ist nicht dieselbe wie in der Spiritualität der Sendung. Der Unterschied jedoch liegt nur in der Anleitung zum Beten. Alles andere läuft weiter wie vorher.

In der Spiritualität der Harmonie (Erstes Kapitel) ist das Gebet meistens auf wörtliche Gebete beschränkt; der Inhalt besteht eher in Bittgebeten. In der Spiritualität der Sendung (Zweites Kapitel) sind die Betrachtungen der Heiligen Schrift Schwerpunkt, ebenso Hingabegebete und Gespräche mit Jesus Christus, die oft Aufgaben zum Thema haben. Auf der nächsten Stufe der Spiritualität dagegen – dargestellt in diesem Dritten Kapitel – vereinfacht sich das Gebet zu einem Schauen. Es geht hier nicht um Machen, Bitten, Verstehen, Planen oder darum, sich zu ändern, sondern darum, mit Christus in eine zweckfreie Beziehung zu treten, sich der Gegenwart Christi zuzuwenden, bei ihm zu verweilen, auf ihn zu schauen, ganz in ihm aufzugehen.

Die Entwicklung des Betens bekommt in diesem Punkt eine ähnliche Richtung wie das Gespräch zwischen zwei vertrauten Menschen. Zuerst erledigen sie ihre konkreten Probleme, wie Termine oder Zahlungen. Dann sprechen sie über Themen, die beide persönlich interessieren, vielleicht auch über ihre Beziehung zueinander, und am Ende können sie in Stille miteinander verweilen. Alles ist gesagt, es bleibt dieses Verweilen in gegenseitiger Liebe. Dies kann der intensivste Moment des Zusammenseins werden.

So ist die Hauptaufgabe der Begleiterinnen und Begleiter

in der Spiritualität des Schauens, die Begleiteten in das kontemplative Gebet einzuführen und es immer mehr zu vertiefen. Ich möchte statt einer technischen Anleitung nur ein anschauliches Bild von dieser Einführung in das kontemplative Gebet geben.

1. Auf einen Punkt schauen

Der junge reiche Mann hat Jesus um den Weg nach dem ewigen Leben gefragt. Das ewige Leben ist Gott selbst. Im ewigen Leben werden wir bei Gott verweilen und bei ihm zuhause sein. Die geistliche Begleiterin oder der Begleiter muss klar vor Augen haben, dass das Endziel des kontemplativen Gebetes die Schau Gottes ist. Gott ist ein Geheimnis: Ursprung und Ende. Er ist unbegreifbar und doch sehr wirklich. Er ist unser letztes Lebensziel. Wir können jedoch nicht auf ihn schauen, weil er für unser Augenlicht nicht sichtbar ist. Und doch müssen wir lernen, auf ihn zu schauen.

Um zum Vater zu kommen, sind wir eingeladen, sogar berufen, uns durch Christus ihm anzunähern. Wir müssen also lernen, auf Jesus Christus zu schauen.

Aber auch Jesus Christus, der Auferstandene, ist nicht sichtbar. Und doch müssen wir lernen, auf ihn zu schauen, damit wir am Ende auf den Vater schauen können. Wir müssen lernen, so auf Jesus Christus zu schauen, dass wir mit unserer ganzen Aufmerksamkeit wie der Knecht im Evangelium ohne Zerstreuung, kontinuierlich und lange Zeit im Schauen auf ihn verweilen können.

Der Weg dazu ist ein Schauen auf einen Punkt, gleichgültig auf welchen. Im weiteren Verlauf wird die Aufmerksamkeit von diesem Punkt auf Jesus Christus übertragen. Aber zuerst müssen wir lernen, überhaupt eine halbe oder eine ganze Stunde hellwach, ohne Gedanken und ohne Ablenkung auf einen konkreten Gegenstand oder Punkt zu schauen. Das ist nicht leicht, und das zu lernen kann einige Jahre dauern.

Ich möchte diese Vorarbeit mit einem Beispiel beschreiben: Ein Manager, der im Zuge der Börsenkrise viel Geld verloren hatte, geriet in massiven Stress und war sehr erschöpft. Er hatte das große Glück, dass ein guter Freund und Mitarbeiter seine Geschäfte für eine längere Zeit übernahm. Er hätte eigentlich in eine psychosomatische Klinik eingewiesen werden müssen. Stattdessen entschied er sich, zwei Monate Pause zu nehmen und mit seiner Frau auf eine Insel zu fahren. Sie waren dort gut versorgt. Jeden Morgen ging er ganz allein an den Strand und erwartete den Sonnenaufgang. Täglich schaute er viele Stunden auf den Horizont, bis er sich ein wenig entspannen konnte. Langsam rückten seine Sorgen in den Hintergrund und er wurde gelöster. Er erinnerte sich viel an seine Kindheit in den Bergen und auf den Wiesen. Innerhalb von zwei Monaten gelang es ihm, wenn schon nicht ganz sorgenfrei zu sein, so doch wenigstens sehr friedvoll auf die Natur zu lauschen und stundenlang dem Zwitschern der Vögel zuzuhören, die auf den Strand laufenden Wellen wahrzunehmen und stundenlang, ohne zu planen, einfach da zu sein. Er las in dieser Zeit keine Zeile. So lernte er, alles loszulassen und einfach da zu sein, nichts zu denken, nichts zu tun, sich in der Stille wohlzufühlen. Nach zwei Monaten saß oder lag er den ganzen Tag entspannt am Strand und genoss einfach tagelang die Stille. Er war in Frieden mit sich. Er begeisterte sich so sehr für dieses neue Leben,

dass er noch zwei weitere Monate blieb. Dabei erfuhr er noch tieferen Frieden und entdeckte, wie schön es ist, einfach da zu sein.
Was dieser Manager in vier Monaten erreicht hat, ist außerordentlich. Ein kontemplativer Mensch jedoch sollte diesen Zustand jeden Tag in einigen Minuten erreichen und eine Stunde lang darin verweilen. Das ist nicht unmöglich, das kann man lernen! Es braucht jedoch viel Zeit. Da wir nicht jeden Tag für vier Monate auf eine Insel fahren können, müssen wir damit anfangen, statt auf den Horizont zu schauen, einen Punkt als Basis zu nehmen, wo unser Blick ruhen kann.
Wenn jemand nach längerer Zeit statt auf einen Punkt oder den Horizont mit wacher Aufmerksamkeit auf Jesus Christus schauen lernt, sprechen wir von kontemplativem Gebet oder Jesusgebet.
Im Unterschied zu dem erwähnten Manager braucht der Mensch, der das stille und wortlose Gebet praktiziert, nicht nur vier Monate, sondern mehrere Jahre, um dieses Schauen zu lernen. Er ist nämlich nicht im Urlaub, sondern zuhause und arbeitet weiter jeden Tag. Aber wenn er in diesem Verweilen schon vorangekommen ist, kann er sich in wenigen Minuten ins Schauen versenken und nach einer täglichen Stunde kontemplativer Stille mit ruhigem Elan an die Arbeit gehen, so als wäre es der erste Tag nach vier Monaten Urlaub. Der kontemplative Mensch kann anstrengende Aufgaben verrichten, die viele Gedanken, Ärger und Aktivität mit sich bringen, wodurch andere in Stress kämen. Aber diese eine Stunde täglich gibt ihm so viel inneren Frieden, dass er auch in seiner Arbeit in sich ruhen kann. An den Ergebnissen merkt man, dass die Gnade auf eine besondere Weise durch ihn fließt.

Aber niemand kann das kontemplative Gebet in kurzer Zeit erlernen. Ich denke an die Israeliten, die nach vierzig Jahren Wüstenwanderung immer noch keine gefestigte Gottesbeziehung hatten. Jesus hatte dreißig Jahre gehorsam in Nazaret gelebt, ehe er nach der Taufe im Jordan in vierzig Tagen Wüstenerfahrung die tiefe Beziehung zu seinem Vater erfahren durfte. Er konnte dann in seinem öffentlichen Leben ganze Nächte im Gebet verweilen, wie wir gesehen haben. Die kontemplativen Mönche des Mittelalters standen um zwei Uhr morgens auf (und sie tun das noch heute), um kontemplativ zu beten. Auch im hektischen Leben unserer Zeit gibt es kontemplative Menschen, die aus dem Alltag heraus mit jährlichen Exerzitien im Schweigen und mit einer täglichen Stunde des Schauens lernen, einen kontemplativen Weg zu gehen. Man muss viel Kraft investieren und jahrelang konsequent in die Stille gehen, um für täglich eine bestimmte Zeit zur Ruhe und zum Schauen zu kommen, bis man ohne störende Gedanken auf Christus, die aufgehende Sonne, schauen kann.
Wenn Jesus im Evangelium sagt, wir sollen uns keine Sorgen machen, meint er, wir sollen keine Gedanken, keine Worte, keine wechselnden Gefühle haben und im Augenblick in keiner Aktivität stehen. Wir müssen lernen, ganz ohne Aktivitäten und ohne Sorgen zu verweilen und die Gefühle in der Stille zur Ruhe kommen zu lassen. Das ist die Grundlage des kontemplativen Gebetes. Es gibt der Aktivität Kraft und der Seelsorge Effektivität; denn so schauen die Reben nicht auf die Trauben, die notwendigerweise Sorgen bereiten, sondern auf den Weinstock, der stille Kraft und Segen schenkt.
Welchen Punkt soll man für das Erlernen des Schauens auswählen? Denn Gott der Vater und Jesus Christus können

das noch nicht sein, und der Sonnenaufgang auf einer Insel ist auch nicht immer erlebbar.

Es gibt viele Wege, das kontemplative Gebet zu erlernen. Ich schätze sie alle unter einer Bedingung: dass sie nicht mit Esoterik vermischt und nicht auf eine Art Beruhigungstechnik oder Wellnessgefühl reduziert werden, sondern das vorgenommene Ziel, Gott zu schauen, bewahren, und dass der Mensch einzig und allein auf Gott ausgerichtet bleibt. Auch soll er seine Gebetszeiten nicht für seine Arbeit oder für die Seelsorge verzwecken.

Um es anders zu formulieren: Auch esoterische Praktiken oder das Streben nach Wellness, die Suche nach Ruhe und Wohlbefinden, sind in sich nicht schlecht, solange sie nicht ichbezogen, sondern auf Gott ausgerichtet bleiben.

Es gibt verschiedene Wege, die Menschen durch Jesus Christus zu Gott zu führen. Ich achte sie alle. Um jedoch einen konkreten Eindruck von dem von mir angestrebten Weg zu vermitteln, möchte ich die wichtigsten Schritte meiner Art und Weise des Schauens, Hörens und Lauschens darstellen. Sie sollen jedoch nicht als exklusiv verstanden werden.

Ich führe seit nahezu vierzig Jahren Menschen in das Gebet des Schauens ein. Das Beten mit dem Namen Jesu habe ich ein paar Jahre vorher angefangen. Vor fünfzehn Jahren habe ich die Einführungsexerzitien in einem Buch dargestellt, dessen Ausführungen noch heute gültig sind.[3] Ich möchte hier nur ein konkretes, aber nicht sehr ausführliches Bild von den ersten Schritten einer Einführung in das Kontemplative Gebet geben. Ich habe diejenigen Leserinnen und Leser, die dieses noch gar nicht kennen, vor

[3] Kontemplative Exerzitien, Echter Verlag, Würzburg [12]2009.

Augen. Das Beispiel mag ihnen die Ernsthaftigkeit dieses Unternehmens zeigen, aber auch, wieweit die Führung zum Schauen sehr verschieden ist von der Führung zum Beten mit Bildern und Betrachtungen.

2. Im Schauen bleiben

Das Verweilen in der reinen Wahrnehmung ist bei uns dadurch behindert, dass wir wie unter einem Zwang von der Wahrnehmung zum Denken und vom Denken zum Tun übergehen. Wenn ich auf einem Apfelbaum einen reifen Apfel erblicke, d.h. wahrnehme, und mir die Frage kommt, ob ich diesen Apfel pflücken und kosten soll oder nicht, bin ich bereits im Denken, nicht mehr im Schauen. Und wenn ich mich entschlossen habe, den Apfel zu pflücken, gehe ich zur Ausführung über, d.h., es ist ein Machen. Dies geschieht in vielen Situationen unseres Lebens. Der Ablauf ist immer der gleiche: Gewahr werden, reflektieren und vollbringen. Auf der Stufe des Schauens aber müssen wir lernen, wahrzunehmen und bei der Wahrnehmung zu bleiben, nicht ins Denken überzuwechseln und noch weniger zum Schaffen. Schau Gottes ist Wahrnehmung, reines Gewahrsein ohne Gedanken und ohne etwas auszuführen.
Erschwerend kommt noch hinzu, dass wir vom reinen Schauen nicht nur durch Gedanken und unser Machen abgelenkt sind, sondern auch durch unsere Gefühle. Wir müssen lernen, auch von den Gefühlen Abstand zu gewinnen. Das geht nur so, dass wir unsere Gefühle anschauen, dass wir ihre Anwesenheit akzeptieren und ihnen erlauben, weiter dazubleiben, um anschließend wieder zum Schauen zurückzukehren.

Wer diesen Weg begonnen hat, weiß, dass lange Zeit im Gewahrsein bleiben zu können, viel Zeit und Disziplin erfordert. Doch ich bin überzeugt, auch im ewigen Leben werden wir nicht denken und keine Gefühle haben – die ewige Glückseligkeit ist kein Gefühl –, und wir werden auch nicht beschäftigt sein. In den Zustand reinen Schauens führt ein ganz langer Weg, der leicht »vierzig Jahre« dauern kann. Es ist nicht wichtig, wie schnell wir das Schauen erreichen oder, besser gesagt, wann Gott es uns schenkt. Zu diesem Verweilen im Schauen, ohne ins Denken und ins Machen überzuwechseln, brauchen wir Hilfen.

3. Das Verweilen in der Natur

Die Natur ist eine ganz große Lehrmeisterin der Wahrnehmung. Die Berge, die Wälder, die Blumen, die Vögel und die Bäche lehren uns, gewahr zu werden. Sie führen uns zur Stille. Der oben genannte Manager ist auch durch die Natur zum Schauen gekommen. Wer am Abend die Sterne anschaut, lernt langsam, im Staunen zu verweilen. Oder wenn man spielenden Kindern zuschaut, kann man sie bewundern und in dieser Bewunderung ein wenig innehalten. Beim Betrachten des Sonnenaufgangs kann man sich lange aufhalten. Man kommt zur Ruhe und lernt, ganz da zu bleiben. Das Verweilen in der Wahrnehmung führt zum einfachen Dasein. Dabei kann ich auf eine ganz wesentliche Erkenntnis hinweisen: Im Staunen haben wir keine *Gedanken*, beschäftigen wir uns nicht mit unseren *Gefühlen* und *beschäftigen uns* dabei *mit* nichts. Das Staunen ist fast ein echtes kontemplatives Gebet.
Wenn einer auf diese Weise der Natur begegnet, tauchen

bald zwei mögliche Zerstreuungen auf. Die eine: Man sieht einen Ameisenhaufen und schaut zu, wie die Ameisen arbeiten, wie fleißig sie sind, wie sie auf ihren Wegen gehen, sich begegnen und weitergehen. Das ist sehr interessant. Aber das ist nicht mehr ein Schauen, sondern ein Beobachten. Beim Schauen und Staunen will ich nichts für mich erreichen. Ich staune. Der Wissenschaftler schaut nicht und staunt nicht, er beobachtet. Genauer gesagt, staunt der Wissenschaftler auch, wenn er etwas entdeckt. Aber gleich danach will er mehr wissen und geht damit gleich über zum Beobachten. Wer beobachtet, will etwas wissen, etwas erfahren. Das ist ein Haben-Wollen, ein Mittel zum Ziel. Wer dagegen schaut, begnügt sich mit dem Schauen selbst. Ihm genügt das Staunen. Wer im Staunen oder Schauen bleiben will, lässt sich nicht von Entdeckungen ablenken.

Die zweite Zerstreuung kommt von uns selbst: Sie entsteht sozusagen durch einen Kommentar, eine Assoziation zu unserem Leben. Ich sehe einen Baum, der im Sturm umgefallen ist und dessen Blätter verwelkt sind, und ich verbinde diese Beobachtung sogleich mit meinem Leben: »Mein Leben ist auch so traurig wie ein umgefallener Baum«, denke ich. Damit bin ich nicht mehr in der Wahrnehmung. Ich bin vom Schauen auf den Baum zum Reflektieren meines Lebens übergegangen. Wenn ich jedoch im Schauen bleiben will, muss ich Gedanken oder Gefühle ziehen lassen und zur direkten Wahrnehmung zurückkehren. Es ist also nicht einmal in der Begegnung mit der Natur leicht, beim Schauen zu bleiben. Man muss es erst lernen, und das braucht Übung und Zeit.

4. Das Atmen

Voraussetzung ist ein einfaches Sitzen oder Knien. Das ist nötig, um Ruhe und Stille zu fördern. Immer wieder wird auch darauf hingewiesen, dass eine aufgerichtete Wirbelsäule sehr zur ruhigen Wahrnehmung beiträgt.
Ich bin überzeugt, dass alle Richtungen der Kontemplation auf die Hilfe des richtigen Atmens zurückgreifen. Auf das Atmen zu achten schenkt mehr Ruhe, als in der Natur zu verweilen. In der Natur staunen wir und gehen dann weiter, denn es gibt tausende Gegenstände und Lebewesen, die unsere Aufmerksamkeit auf sich ziehen. In die Natur muss man auch immer neu zurückkehren, aber im Grunde brauchen wir etwas noch Ruhigeres als einen Spaziergang.
Es ist nämlich wirksamer, sich ruhig hinzusetzen, so dass man reglos längere Zeit ohne Anstrengung verweilen kann im einfachen Schauen auf das Atmen: Wie atmet es in mir? Das ist etwas anderes, als das Atmen zu beruhigen. Es atmet in mir, und ich schaue nur zu. Ich beeinflusse das Atmen nicht. Sonst ist das schon ein »Machen«. Wie das Staunen in der Natur nur ein erster Schritt ist, so bleibt die Aufmerksamkeit auf den Atem jahrzehntelang ein wesentlicher Teil des wortlosen Gebetes.
Wer auf seinen Atem achtet, wird ruhig. Nicht nur er, sondern sein Atem selbst wird immer langsamer. Wer läuft, atmet schnell, wer geht, atmet langsamer, und wer liegt, noch langsamer. Wer seinen Blick lange Zeit auf den Horizont richtet, atmet noch langsamer, und wer auf das Ein und Aus seines Atmens schaut, bei dem wird das Atmen ganz langsam. Es kann auch kurze Zeiten stehen bleiben. Im Staunen kann man das gut erfahren.

In der Schöpfungsgeschichte ist deutlich beschrieben, dass Gott zuerst den Körper des Menschen geschaffen hat, um ihm dann den Atem einzuhauchen. Die Aufmerksamkeit auf den Atem macht den Menschen sehr ruhig und wach. Durch die Aufmerksamkeit auf den Atem finden wir auch wieder den Weg zum Schöpfer.

5. Die Hände

Die gefalteten Hände sind das bekannteste Symbol des Gebetes. Die Priester beten die wichtigsten Teile der Eucharistiefeier mit erhobenen Händen, wobei die Handflächen aufeinanderschauen. Zwei erhobene Hände bedeuten im Alten Testament immer Gebet. Die Muttergottes wird in vielen Ikonen mit offenen Händen betend dargestellt. Man nennt dies eine Orante-Haltung. Als ich im Jahr 1959 in Argentinien drei Wochen vor meiner Priesterweihe gelernt habe, die Messe zu feiern, habe ich gleich bemerkt, dass diese Haltung in eine Sammlung führt. Ich habe in der Handhaltung eine große Hilfe gefunden. Bei der Einführung in das kontemplative Gebet zeige ich diese Orante-Haltung. Viele entdecken in kurzer Zeit die Kraft und die Sammlung, die aus dieser Haltung der Hände kommt. Die Hände zu falten oder in Orante-Haltung zu verweilen ist in der Kirche die klassische Gebetshaltung.
Diese ersten drei Hilfen – Naturbetrachtung, Atmen und Haltung der Hände – muss man lange praktizieren, bis man sie verinnerlicht hat und eine vierte Hilfe hinzunehmen kann.

6. Der Klang und der Name Jesu Christi

Der Name Jesu ist heilig. Er wird mit jedem Atemzug gesprochen: mit dem Ausatmen, das heißt mit der herabsteigenden Bewegung: »Jesus«, der zu uns vom Vater herabgekommen ist; mit dem Einatmen, der aufsteigenden Bewegung: »Christus«, der uns erlöst und zum Vater hinaufführt. Der russische Pilger[4] hat einen längeren Satz gesagt: »Herr Jesus, Sohn des lebendigen Gottes, erbarme dich meiner.« Er hat jedoch im zügigen Gehen meditiert, und das macht den Unterschied. Beim Sitzen oder Knien ist es günstiger dasselbe mit weniger Worten widerholen, und nur beim einfachen Namen zu bleiben. Ich empfehle, während der ersten zwanzig oder dreißig Jahre unbedingt beim Namen »Jesus Christus« zu bleiben. Wenn man den Namen ändert oder ein anderes Wort wählt, versucht man meistens im kontemplativen Beten schneller voranzukommen, oder man wählt die Änderung, weil man sich mit dem Namen langweilt. Es geht aber nicht darum, etwas zu erreichen, sondern darum, ohne Absicht einfach zu verweilen.

7. Wichtige Haltungen für das kontemplative Gebet

Um das Bild des wortlosen, kontemplativen Gebetes zu vervollständigen, deute ich die wichtigsten Themen an, die bei der Einführung wie auch für die Dauer der kontemplativen Zeit eine Rolle spielen.

[4] Emmanuel Jungclausen (Hg.), Aufrichtige Erzählungen eines russischen Pilgers, Herder Verlag Freiburg 1986.

a. Die Ausrichtung

Die Gebetszeiten sind eine Aktivität hier auf Erden. Deshalb werden sie notwendigerweise einem Ziel zugeordnet. So kann man den Betenden in jedem Augenblick fragen: Warum tust du das? Die Antwort sollte immer lauten: »um Gott unseren Herrn anzubeten«; »um meine Zeit Gott zu schenken«; »um in der Gegenwart Christi zu verweilen«. Oft sieht dieses Beten jedoch anders aus: Wir können in der Absicht beten, dass Gott uns ein schönes Leben schenkt, dass wir uns geistig entwickeln, damit wir uns innerlich festigen, damit wir uns im kontemplativen Gebet ausruhen, damit wir Kraft für unsere Arbeit erlangen. Dies sind keine schlechten Absichten, jedoch ich-zentrierte Motivationen.

Es geht also um die Absicht (von deren Bedeutung haben wir schon im vorigen Kapitel gesprochen). Unsere Absicht sollte sein, unsere Gebetszeiten der größeren Ehre Gottes zu weihen. Ein Gewinn für uns gehört nicht dazu. Im kontemplativen Gebet, wie auch in allen anderen Aktivitäten, ist die Absicht sehr wichtig. Ich empfehle immer, dass am Anfang der Meditation die richtige Absicht erneuert wird. Am Ende jeder Meditation können wir kontrollieren, ob wir die Zeit wirklich Gott absichtslos geschenkt haben oder nicht. Wenn wir wirklich für Gott da waren, können wir auch damit zufrieden sein und sagen: »Herr, so viel konnte ich tun, ich habe es für dich getan, und deswegen bin ich zufrieden.« So ist die Zufriedenheit mit dem, was geschehen ist, ein Zeichen dafür, dass wir es für Gott getan haben.

b. Das »Alles verkaufen«

Wir sind hier auf Erden zum Wachsen geschaffen und auch zum Kleiner-Werden. Zum Wachsen, damit wir diese

Schöpfung wirklich annehmen, und zum Abnehmen, damit wir unsere Schätze langsam zu den ewigen Schätzen in den Himmel verlagern, bis wir nichts mehr hier auf Erden haben als das, was wir im letzten Augenblick auch in die Hände Gottes legen werden. Diese Perspektive muss immer existentiell präsent sein. Im kontemplativen Gebet müssen wir unsere Gedanken, die Ab- und Zuneigungen und unser Tun loslassen. Am Ende des Lebens müssen wir alles abgeben und nur mit den Schätzen des Himmels in die Ewigkeit gehen. Diese Perspektive muss immer wieder neu vor uns stehen. Wir haben hier auf Erden keine bleibende Heimat. Das »Alles verkaufen« gilt nicht nur für das aktive Leben, ebenso radikal ist es im kontemplativen Bereich nötig.

c. Der emotionale Prozess

Wir haben immer in den Hintergrund gedrängte Gefühle. Darüber war schon in den vorigen Kapiteln die Rede. In der Stille des kontemplativen Gebetes kommen immer wieder noch nicht verarbeitete, noch aktiv wirkende negative Gefühle hoch. Oft sind sie sehr schmerzhaft.

Wir müssen lernen, mit ihnen umzugehen. Wir müssen sie kommen lassen: die Gebetszeit nicht früher beenden, weil etwas hochkommen will; das Leid, das mit diesen Gefühlen hochkommt, bereitwillig ertragen; die Gefühle nicht verdrängen, sondern mit Liebe anschauen und annehmen, sie stehen lassen und wieder zur Gegenwart zurückkommen. So lösen sie sich mehr und mehr auf. Wir kehren anschließend wieder zum Namen zurück. Damit sind sie akzeptiert. Und wenn sie wiederkommen, müssen wir wieder in derselben Weise reagieren. So erleiden wir, was noch fehlt, damit sie sich mit der Zeit ganz lösen können. Auch sie gehören zum Kreuz, das wir mit Christus tragen.

d. Das Zeugnis des eigenen Weges

Wenn der Exerzitienleiter im Laufe der Einführung oder der Weiterführung ein persönliches Zeugnis von seiner Liebe zu Jesus Christus und zur Gottesmutter geben kann, ist das sehr willkommen. In unseren Kursen feiern wir jeden Tag Eucharistie. Auf diese Weise kommen viele zu einer intensiveren Teilnahme an der heiligen Messe zurück.

e. Der weitere Weg nach der Einführung

Wie schaut der weitere Gang auf dem Weg des kontemplativen Gebetes aus? Wir Menschen sind sehr verschieden. Die heilige Therese von Lisieux hat schon von ihren ersten Lebensjahren an in einem Zustand der Kontemplation gelebt. Andere kommen vielleicht in ihrem Todeskampf zum Glauben. Dazwischen gibt es nahtlose Übergänge. Wie ich schon in den vorigen Kapiteln geschrieben habe, hängt die Möglichkeit eines kontemplativen Weges sehr von der Sehnsucht ab. Einige warten schon lange darauf, dass jemand kommt und ihnen den Weg zeigt. Sie ergreifen die Möglichkeit mit Entschlossenheit, und der Weg wird ihnen eine tägliche Notwendigkeit. Andere dagegen bekommen eine gute Einführung und können sich nicht zum täglichen Gebet entschließen. Es ist gut, sich darüber Klarheit zu verschaffen. Erstens soll klar sein, dass von einer anderen Person kein Druck dazu ausgeübt werden soll, etwa dahingehend, dass jemand sich täglich stille Gebetszeiten nimmt. Zu einer Einführung kommen alle freiwillig. Wenn sie beendet ist, muss sie auch beendet sein, und es darf kein Druck bleiben, weiter zu meditieren. Für Anfänger, die weitermachen wollen, sind zwanzig Minuten täglich oft ein guter Anfang. Aber ohne wenigstens zwanzig Minuten täglich dem kontemplativen Gebet zu widmen, wird man nicht lange weitermachen können. Dieses Gebet braucht Zeit und Ausdauer. Selbstverständlich kann man auch zwei Gebetsweisen praktizieren, beispielsweise Betrachtung und kontemplatives Gebet. Für alle Menschen, die schon einige Jahre das kontemplative Gebet praktizieren und mit Menschen arbeiten, wie es Seelsorger oder Therapeuten, Lehrer und viele andere tun, empfehle ich täglich eine Stunde stilles und wortloses Gebet. Es ist nur ein Vorschlag, aber vielleicht kann das vielen eine Orientierung geben. Im Alten Testament war es Norm, von allem, was man besaß, ein Zehntel Gott zu schenken. Das sind hohe Ansprüche Gottes an uns: Das sind mehr als zwei Stunden am Tag. Die Zeit ist unser großer Schatz. Wir haben die Möglichkeit, Gott ein wenig davon zu schenken. Gott kann man in seiner Großzügigkeit jedoch nicht übertreffen.

III. Die Stärken dieser Spiritualität und die weitere Perspektive

In diesem Kapitel der Spiritualität des Schauens haben wir erkannt, dass die Kraft Jesu von seinem Vater kommt, dem er viele Nächte und auch sonst viel Zeit geweiht hat. Jesu Worte vom Weinstock haben deutlich eine neue Perspektive aufgetan: Die Stille verleiht unserer Sendung ihre innere Kraft, und sie bedeutet einen großen Schritt auf dem Weg zum Vater. Die Hektik der Welt hat auf uns ihren ausschließlichen Anspruch verloren. Wir schauen mehr auf das Ewige als darauf, was auf Erden geschieht, und doch bewirken wir durch Jesus mehr auf Erden als vorher.

Durch das Zurücknehmen von Gedanken, durch die Beruhigung von Ab- und Zuneigungen und durch weniger Drang nach Aktivität sind die Hindernisse zwischen Jesus Christus und uns geringer geworden. Die Suche nach einer direkten Beziehung zu Jesus Christus und zu Gott, dem Vater, ist mehr in die Mitte unserer Sehnsüchte gerückt.

Es könnte sein, dass der junge reiche Mann noch einmal zu Jesus zurückkommt und ihn fragt, ob er noch etwas für den Erwerb des ewigen Lebens tun könne. Es könnte sein, dass Jesus ihm sagt: »Wenn du wirklich noch etwas für das ewige Leben tun willst, schenke mir dein kleines und ichbezogenes Ego.« Der junge Mann würde sagen: »Herr, ich kämpfe schon lange gegen meine Ichbezogenheit. Ich komme aber nur langsam voran. Ich kann dir mein Ich nicht einfach schenken. Dieses Ego ist so tief in mir verwurzelt, dass es unmöglich ist, es herzugeben.« Jesus würde ihm wohl sagen: »Du hast recht. Du kannst es mir nicht geben. Aber glaubst du, dass ich dir dein ichbezogenes Ego abnehmen kann?« Der junge Mann könnte ihm vielleicht antworten: »Herr, ich glaube es, hilf meinem Unglauben!«

Was ist also die Perspektive für die Zukunft? Alles, was noch zu ändern bleibt, kann nur als Gnade von Gott kommen. Wir können selbst nur noch unser einfaches Menschenleben mit allen seinen Aufgaben fortsetzen, weiter lieben, Gott besondere Zeiten schenken, in denen wir hellwach in die Richtung schauen, von wo er sich zeigen wird, d.h. auf unseren Seelengrund. Alles andere ist reines und unverdientes Geschenk des Himmels.

Viertes Kapitel

Das Sein

I. Einleitung

Gott wollte sich uns nähern und uns an seinem Leben teilnehmen lassen. Deswegen hat er seinen Sohn zu uns geschickt. Damit die zweite Person der Heiligen Dreifaltigkeit uns ansprechen konnte, musste er unsere Natur annehmen, weil er als Gott nicht auftreten und von uns nicht als Gesprächspartner wahrgenommen werden konnte. Er konnte nicht sprechen, weil er keinen Körper, keinen Mund und keine Stimme hatte. So hat sich der Sohn Gottes an unsere Natur angepasst, indem er Mensch geworden ist. Ja, er ist Mensch geworden in allem, außer der Sünde.

Er kam mit der Botschaft, dass er uns zum Vater führt. Dazu müssen wir den Weg zu Gott von unserer Seite aus frei machen: indem wir alles verkaufen, was wir nicht in die Welt des Vaters mitnehmen können. Indem wir uns von den Wurzeln der Sorgen losgelöst und auf die volle Stille eingelassen haben, haben wir alle Hindernisse beseitigt, die wir mit eigener Kraft entfernen konnten. Mehr können wir nicht tun, als mit unbegrenzter Sehnsucht hellwach in der Stille warten, dass er uns in seine Welt, in das Reich des Eins-Seins, hineinnimmt. Das kann nur so geschehen, dass Gott uns von unserer geschaffen Welt in seine eigene ungeschaffene Welt führt. Die Entfernung zwischen beiden Welten ist unermesslich. Für den menschlichen Verstand ist dieser Schritt unvorstellbar.

Wir leben in einer Welt der Dualität. Das Denken bindet uns an diese duale Welt. Wenn ich an etwas denke, bin einerseits »Ich«, und dann ist noch da, an was ich denke. Das »Ich« nennen wir »Subjekt« und das, an was ich denke, wird »Objekt« genannt. Wenn ich etwas tue, bin ich ein

Subjekt, und das, was ich tue, ist das Objekt meiner Aktivität. Wenn ich zu etwas Zuneigung habe, muss ich als Subjekt da sein, das die Zuneigung hat, und es gibt das Objekt, zu dem ich die Zuneigung habe. So sind wir im Denken, im Machen und mit unseren Neigungen an eine Welt der Dualität gebunden.

Das lässt sich auch gut an der menschlichen Liebe erkennen. Die Liebe ist eine Kraft der Vereinigung. Die Ehe – die höchste menschliche Liebe – ist ein gutes Vorbild des Eins-Seins mit Gott. Sie ist eine Vereinigung von einer Frau und einem Mann mit der großen Sehnsucht, ganz eins zu werden. Das ist jedoch wegen der dualen Struktur des Menschen nicht möglich. Am Anfang gelingt die Annäherung ganz gut. Dennoch bleiben sie – in großer Liebe verbunden – zwei. Um eins zu werden, müssten sich beide ganz aufgeben, bis das Eine zustande kommt und keine Zweiheit mehr bleibt. Das ist aber nicht möglich. Sie bleiben zwei, weil sie sich nicht ganz aufgeben können. Um eins mit Gott zu werden, müssen wir uns ganz aufgeben. Schon beim Gedanken daran kommt die Angst vor der Selbst-Auflösung, die Angst, ins Nichts zu fallen. Deswegen schaffen wir es nicht. Nur wenn uns Gott mit seiner Unendlichkeit entgegenkommt und in uns das Eins-Werden vollbringt, gelingt es.

Wenn aber die eheliche Liebe in einem mystischen Sinn gedeutet wird, in der man das Eins-Werden vollziehen kann, wie es im Hohelied der Liebe immer wieder gedeutet wurde, dann ist die eheliche Liebe die beste Beschreibung des Eins-Werdens mit Gott. Es ist nicht mehr »Liebe-Machen«, sondern »Liebe-Sein«.

Jesus Christus verheißt uns dieses Eins-Sein mit Gott. Jesus Christus ist ein Mensch und kann mit Du angesprochen werden. Er ist jedoch auch Gott, und als Gott kann er, wie auch Gott der Vater, eigentlich nicht im vollen Sinne als Du angesprochen werden. Bis jetzt – in den ersten drei Wegstrecken der Seelenführung Jesu – wurde Jesus Christus, wie auch Gott der Vater, als ein Du angesprochen. Das war die einzige Möglichkeit, mit ihm einen Kontakt aufzunehmen. Aber Gott ist kein Mensch und ist nicht ein Geschöpf, dem man sich von außen her annähern kann. Er ist nicht in Zeit und Raum. Er ist kein Objekt, kein Gegenüber, das ich als Subjekt erkennen und kontaktieren kann. Wenn ich mich als ein »Ich« von ihm abgrenzen (Subjekt) und ihn mit einer Du-Anrede von mir ausschließen könnte (Objekt oder Gegenüberstehendes), wäre er nicht mehr Gott. Gott kann man nicht begrenzen. Gott kann ich nicht von mir ausschließen, indem ich ihn als ein Gegenüber behandle. Gott ist überall und in jedem Geschöpf und auch nirgends, weil er nicht in Zeit und Raum eingeordnet werden kann. In der Wirklichkeit kann ich ihn viel mehr mit »Ich« ansprechen als mit »Du«. Deswegen hat auch Mose Gott als »Ich bin« erkannt. Ich muss Gott in mir finden. Dort ist er unmittelbar da. Aber nicht in mir, wie ich mein Herz oder eines von meinen Gliedern erkenne, sondern wirklich eins mit mir: Dort ist er am nahesten, und nur dort lege ich zwischen ihm und mir keine Grenzen. Gott ist »ICH BIN«. Aber dorthin kann man nur durch Gnade und nur im Schauen, nur im Schweigen, ausschließlich in Stille und im Staunen hineingenommen werden. Es bedarf einer Bewusstseinserweiterung, die wir selber nicht schaffen können. Wir müssen die Begrenztheit unseres Denkens relativieren lassen. Es gibt eine Dimension, in der das Denken keine Gültigkeit mehr hat, weil das Denken als duales Prinzip zur Schöpfung gehört.

Wir müssen uns in das Göttliche hineinnehmen lassen. Wir können nicht selber hineingehen oder uns hineinarbeiten.

Das bedeutet, dass wir unseren Verstand relativieren müssen. Er hat nur Gültigkeit in unserer dualen Welt. Im Diesseits. Gott aber können wir nicht zu unserer Dualität erniedrigen. Er steht über dem Verstand. Gott denkt nicht. Gott weiß. Gott ist reines Gewahrsein. Gott kann nicht Objekt oder Gesprächspartner werden, weil er kein Gegenüber werden kann. Eben deswegen ist Jesus Christus Mensch geworden, damit wir Gott in unserer menschlichen Dimension auf unsere duale Weise begegnen und ansprechen können. Aber er ist auch deswegen gekommen, damit er uns in einem zweiten Schritt zum Vater führt: zum »nicht-direkt geoffenbarten Gott«. Deswegen musste Christus auch von uns weggehen, sterben, damit er diese duale Gegenwart wieder in sich auflöste. Er ist auferstanden, um zu zeigen dass er nicht weggegangen ist, sondern sich noch mehr nähern will. Er musste wieder in den Himmel hinauffahren, um zu zeigen, dass er doch nicht in der dualen Dimension bleiben kann. Zu Pfingsten ist er wiedergekommen, um zu offenbaren, dass er hier ist, aber nicht mehr in einem eigenen, nicht in einem »privaten« Körper. Er ist in die Körper der Apostel gekommen: wieder einen Schritt näher zum Eins-Werden. Wenn er in den Körpern der Apostel und durch die Firmung auch in unserem Körper verweilt, müssen wir erkennen, dass das Eins-Sein mit ihm keine Umarmung von zwei Menschen ist. Er meint das Eins-Werden viel ernster: »Wie du, Vater, in mir bist und ich in dir bin, sollen sie in uns sein« (Joh 17,21). Er nimmt die Einheit der Heiligen Dreifaltigkeit, um zu erklären, dass dieses Eins-Sein mit uns ähnlich ist. Es ist nicht dasselbe, aber er selbst bringt diesen Vergleich, damit wir akzeptieren können, dass er das sehr ernst meint.

Wir müssen nicht nur unsere Rationalität, unseren Verstand relativieren, sondern auch unser Machen, unsere Spiritualität der Sendung und unsere Spiritualität des Schauens. Denn »Eins-Sein« oder »Eins-Werden« geht nicht allein durch den Dienst an Jesus Christus. Nicht einmal durch das Schauen. Es geht nicht nur durch die Hingabe an die sozialen oder seelsorglichen Aktivitäten. Jesus Christus zu dienen ist grundlegend. Es ist der erste große Schritt zum Eins-Werden, aber dann muss alles in das Sein übergehen. Vom Machen zum Sein. Gott macht nichts. Gott ist. Das Machen ist noch die Ebene der Schöpfung. Wir müssen an die Ebene des Seins in ihm näher herangeführt werden.

Mit den Gefühlen ereignet sich dasselbe: Gott liebt nicht: das heißt, er »macht« die Liebe nicht. Gott *ist* Liebe (1 Joh 4,8). Wir müssen dazu geführt werden, dass auch wir Liebe *sind.* Die ewige Glückseligkeit ist kein Gefühl, sondern ein Zustand, ist eben *Liebe sein.*

Trotz Sündenfall ist ganz tief in unserem Seelengrund, in unserer verborgenen Quelle, in unserer leeren Mitte das Eins-Sein mit Gott intakt erhalten geblieben. Wir haben diese winzige Flamme in der Schöpfung bekommen. Dorthin, wenigstens in ihre Richtung, müssen wir schauen, bis wir das Eins-Sein erleben, bis unser kleines »Ich bin« im großem »ICH BIN« aufgeht.

Dazu, dass ich mit ihm in mir Kontakt aufnehmen kann, muss ich mich nach innen wenden und bei mir bleiben können. Unsere Gedanken, Gefühle und Zielsetzungen, unser »Machen-Wollen« drängen uns so vehement nach außen – in die Welt der Dualität –, dass wir normalerweise keine

Sekunde nach innen gerichtet bleiben können. Deswegen ist es notwendig, dass wir lernen, unsere Aufmerksamkeit radikal nach innen zu richten. Das ist aber nicht möglich, solange wir von Gedanken, Neigungen und unseren ständigen Aktivitäten abgelenkt sind, denn diese sind nach außen gerichtet. Deswegen war es bis jetzt notwendig, auf Christus als auf ein Du außerhalb unserer selbst zu schauen, bis wir keine Gedanken mehr haben, bis wir lernen, uns aus der Welt der Dualität herauszuhalten.

Viele fragen sich, ob wir unsere Persönlichkeit verlieren, wenn wir mit Gott eins werden. Das ist eine theoretische Frage. Um dies zu beantworten, müssen wir im Bereich des rationalen Denkens bleiben: Was ist Person? Was ist Persönlichkeit? Die einzige Antwort, die ich geben kann, ist, dass Jesus Christus uns dieses »Eins-Werden« klar als Ziel gibt und öfters wiederholt. Das müsste uns genügen. Ich weiß nur, dass Jesus Christus dieses Eins-Werden mit der Heiligen Dreifaltigkeit erklärt: »Alle sollen eins sein: Wie du, Vater, in mir bist, und ich in dir bin, sollen sie in uns sein (Joh 17,21); und: »denn sie sollen eins sein, wie wir eins sind« (Joh 17,22). Wenn also jemand Schwierigkeiten hat, zu verstehen, wie ein Mensch Person bleibt, wenn er mit Gott eins wird, müsste er noch mehr daran zweifeln, dass der Vater, der Sohn und der Heilige Geist Personen sind und trotzdem eins sind.

Zum »Eins-Werden« mit Christus und mit dem Vater müssen wir auch andere Grenzen der Schöpfung durchschreiten oder, besser gesagt, durch sie hindurchgetragen werden. Gott ist nicht in der Zeit und nicht im Raum. Wir können es uns nicht vorstellen, wie es ist, zeitlos zu existieren oder auf einmal überall und nirgends zu sein. Wir können es uns nicht vorstellen, wie das ist; wir müssen der

Verheißung Jesu glauben, dass er uns in sein »Eins-Sein« mit dem Vater hineinnimmt.

Der Jünger, wenn er ohne Gedanken verweilen und in die Spiritualität des Seins, von dem wir jetzt sprechen, treten kann, wendet seine Aufmerksamkeit radikal nach innen und lauscht in seinem Seelengrund auf Jesus Christus. Denn das ewige Leben und Jesus Christus sind in ihm. An das »Ich« denken kann ein jeder. Lauschen ist etwas anderes. Lauschen ist »gewahr sein«. Wenn man Gedanken hat, richtet sich die Aufmerksamkeit nach außen, auf die Gedanken, die nicht das Ich sind. Wenn man im Gegensatz dazu auf das Ich schaut, ist man »bei sich«. Man nähert sich seiner Mitte.

Die Wende von der Spiritualität des Schauens zur Spiritualität des Seins geschieht dadurch, dass die Aufmerksamkeit von den Namen auf die Wurzel des Ichs selbst, auf den Seelengrund, auf die innere Sonne gerichtet wird und ohne Zerstreuung auf diesen ruhenden Punkt gerichtet bleibt. Das ist selbstverständlich nicht möglich, solange wir Gedanken haben. Das Eins-Werden mit Gott kann nur im Ich bewusst werden. Mit der Frage: »Wer bin ich?« geht man in eine neue und unbekannte Dimension hinein. Nicht in die Dimension des Habens, nicht in die Dimension des Machens, des Wollens, des Fühlens oder des Schauens, sondern in die Dimension des *Seins.* Ich kann *sein,* ohne zu haben, zu wollen, zu machen oder zu fühlen. *Ich bin.* Damit kommen wir in unseren Seelengrund, in unsere Mitte, zu unseren Wurzeln, wo die Gnade der Taufe ihre fortdauernde Wirkung bewahrt, wo durch die Eucharistie der Sohn Gottes mit uns schon eins ist, wo wir mehr Weinstock als Reben sind, wo die Anbetung in Geist und Wahrheit weilt.

Das Tor vom Machen ins Sein ist die Stille, das Schweigen. Nur durch die Stille können wir in unseren Seelengrund eintauchen, wo die Reben in den Weinstock übergehen. Bis jetzt konnte der Mensch wenigstens Hindernisse beseitigen. Hier gibt es keine menschlichen Hindernisse mehr, sondern nur die Grenze zwischen dem Schöpfer und dem Geschöpf. Das aufrichtige, geduldige Warten auf Gott mit liebender Beharrlichkeit ist die Aufgabe der Spiritualität des Seins. Ein erfahrener Seelenführer ist dazu eine außerordentliche Hilfe. Alle, die dorthin geführt werden, hatten eine riesengroße Sehnsucht nach Gott. Und diese Sehnsucht hat sich auch in ihrer Großzügigkeit, Gott Zeit zu schenken, gezeigt.

Wie fließen das menschliche Bemühen und die gänzlich unverdiente Gnade im geistlichen Prozess zusammen? In den Spiritualitäten der Harmonie und der Sendung verwirklichen die menschliche Verantwortung und das menschliche Bemühen zusammen mit der Gnade die Ziele dieser Spiritualitäten. Der Mensch kann voranschreiten, und Gott gibt Gnade dazu. In der Spiritualität des Schauens kann der Mensch nichts Konstruktives mehr aufbauen. Wohl aber kann und muss er die Hindernisse, die dem vollen Eins-Werden mit Gott im Wege stehen, mit der Hilfe Gottes entfernen. Die Hindernisse sind die Gedanken, die Beschäftigung mit Gefühlen und das Machen. In der Spiritualität des Seins kann der Mensch nichts mehr machen; hier ist alles reine Gnade.

So will ich die Frage erneut und doch anders stellen: Warum ist es so notwendig, im kontemplativen Gebet ohne Gedanken, ohne etwas zu machen, ohne die Störung von Gefühlen zu verweilen, um zum Eins-Sein mit Gott geführt zu werden?

Die Antwort lautet: Nur durch dieses stille, gedankenfreie Dasein räumen wir alle Hindernisse beiseite, die der Gnade im Wege stehen. Nur dadurch gelangen wir dazu, dass Gott uns auf die Seinsebene zu sich ziehen kann. Vorher sind wir notwendigerweise an die Ebene des Machens und Denkens gebunden. Das Eins-Werden mit Gott kann sich nur auf der Seinsebene vollziehen. Eins-Machen ist nicht Eins-Sein.

Nur mit dem Aufgeben der Dualität haben wir unseren letzten Anker im Diesseits aufgegeben. Wenn Jesus sagt, wir sollen alles verkaufen, hat er diesen unseren letzten Schatz im Blick. Das ist der letzte Schritt, um uns in die Gegenwart Gottes hineinnehmen zu lassen.

Aber will Gott überhaupt, dass wir eins mit ihm werden? Wenn Paulus nicht genau das behaupten würde und das Eins-Werden mit ihm nicht die absolut zentrale Botschaft des Johannesevangeliums wäre, könnten wir es nicht glauben. Denn es ist so unvorstellbar. Das wollen wir jetzt anschauen.

II. Die Verheißung Jesu im Johannesevangelium

Johannes, der geliebte Jünger Jesu, behauptet, dass die Weltgeschichte zum Eins-Sein mit Gott führt. Schauen wir die Texte an.

1. Der Prolog und die Abschiedsrede

Das Johannesevangelium hat zwei Hauptteile: In den ersten 17 Kapiteln beschreibt Johannes seinen Weg mit Jesus Christus. Ab dem 18. Kapitel beschreibt er den Tod und die Auferstehung Jesu.

Der erste Teil beginnt mit dem Prolog, in dem Johannes das Kommen Jesu in einen größeren Zusammenhang stellt: Am Anfang existierte der Logos, und er war bei Gott, und er war Gott. Er ist in die Welt gekommen. Aber weil die Menschen in der Dunkelheit lebten, ihn nicht erkannten, ist zuerst Johannes der Täufer geschickt worden, damit er Zeugnis gibt vom Mensch gewordenen Logos. Der Evangelist hat ihn durch Johannes erkannt.

Auf diese Weise ist er mit anderen Jüngern Kind Gottes geworden. Anschließend beschreibt Johannes seinen weiteren Weg mit Jesus. Dieser erste Teil des Johannesevangeliums endet dann am Schluss des 17. Kapitels mit der großen Vision, wohin sich diese Schöpfung und diese Weltgeschichte entwickeln wird, nämlich alles wird wieder in das große Eins-Sein zurückgeführt werden. Wir werden alle mit Jesus und Gott dem Vater eins sein. Schauen wir diese zwei Texte an:

»Im Anfang war das Wort,
und das Wort war bei Gott,
und das Wort war Gott.
Im Anfang war es bei Gott.
Alles ist durch das Wort geworden,
und ohne das Wort wurde nichts, was geworden ist.
In ihm war das Leben,
und das Leben war das Licht der Menschen.
Und das Licht leuchtet in der Finsternis und die Finsternis hat es nicht erfasst.
Es trat ein Mensch auf, der von Gott gesandt war; sein Name war Johannes. Er kam als Zeuge, um Zeugnis abzulegen für das Licht, damit alle durch ihn zum Glauben kommen. Er war nicht selbst das Licht, er sollte nur Zeugnis ablegen für das Licht.
Das wahre Licht, das jeden Menschen erleuchtet,
kam in die Welt.
Er war in der Welt,
und die Welt ist durch ihn geworden,
aber die Welt erkannte ihn nicht.
Er kam in sein Eigentum,
aber die Seinen nahmen ihn nicht auf.
Allen aber, die ihn aufnahmen,
gab er Macht, Kinder Gottes zu werden,
allen, die an seinen Namen glauben« (Joh 1,1–12).

Das 17. Kapitel, das die Vollendung der Geschichte durch das Eins-Sein mit Gott beschreibt, ist eine Abschiedsrede Jesu, und es sind die letzten Worte Jesu zu den Aposteln. Jesus gibt mit dieser Abschiedsrede eine Rechenschaft von seiner Sendung. Im ersten Teil dieses Gebetes sagt Jesus dem Vater, dass er seine Sendung erfüllt hat (V. 1–8). Im zweiten Teil sagt er, dass er die Apostel ausgesandt hat, und bittet für sie (V. 9–19). Im dritten Teil (V. 20–26) hat Jesus die weitere Entwicklung der Menschheit vor Augen und bittet seinen Vater inständig, dass er die ganze Menschheit zum Eins-Sein mit ihm und mit dem Vater führt. Schauen wir diesen dritten Teil des Gebetes Jesu zum Vater an, der zugleich die Bitte um die Vollendung der Schöpfung ist:

> »Aber ich bitte nicht nur für diese hier, sondern auch für alle, die durch ihr Wort an mich glauben. *Alle sollen eins sein: Wie du, Vater, in mir bist und ich in dir bin, sollen auch sie in uns sein*, damit die Welt glaubt, dass du mich gesandt hast. Und ich habe ihnen die Herrlichkeit gegeben, die du mir gegeben hast; *denn sie sollen eins sein, wie wir eins sind, ich in ihnen und du in mir. So sollen sie vollendet sein in der Einheit*, damit die Welt erkennt, dass du mich gesandt hast und die Meinen ebenso geliebt hast wie mich. Vater, ich will, dass alle, die du mir gegeben hast, dort bei mir sind, wo ich bin. Sie sollen meine Herrlichkeit sehen, die du mir gegeben hast, weil du mich schon geliebt hast vor der Erschaffung der Welt. Gerechter Vater, die Welt hat dich nicht erkannt, ich aber habe dich erkannt, und sie haben erkannt, dass du mich gesandt hast. Ich habe ihnen deinen Namen bekannt gemacht und werde ihn bekannt machen, *damit die Liebe, mit der du mich geliebt hast, in ihnen ist und damit ich in ihnen bin*« (Joh 17,20–26).

Bemerken wir, dass Jesus seine Bitte fünf Mal hintereinander wiederholt. Johannes hat die Worte Jesu so verstanden, dass sie die wichtigste Aussage des Evangeliums ausmachen. Es ist auffallend, mit welcher Beharrlichkeit er dieses Eins-Werden wiederholt. Ich möchte es nochmals zeigen:

a. »*Alle sollen eins sein*«
b. »*Wie du, Vater, in mir bist, und ich in dir bin, sollen auch sie in uns sein*«
c. »*denn sie sollen eins sein, wie wir eins sind*«
d. »*So sollen sie vollendet sein in der Einheit, ich in ihnen und du in mir*«
e. »*damit die Liebe, mit der du mich geliebt hast, in ihnen ist und damit ich in ihnen bin*«

Diesen Texten geht noch eine sechste Behauptung des zukünftigen Eins-Seins im zweiten Teil des Gebetes Jesu voraus, in dem er für die Apostel bittet:

f. »Heiliger Vater, bewahre sie in deinem Namen, den du mir gegeben hast, *damit sie eins sind wie wir*« (Joh 17,11).

Johannes sagt unmissverständlich, dass dieses Eins-Sein von allen Menschen mit Christus und mit dem Vater das Ziel der Weltgeschichte ist. Darauf ist die Weltgeschichte ausgerichtet: dass wir einmal dahin gelangen, dass wir Christus nicht mehr als ein Du, als eine uns gegenüberstehende Person ansprechen, sondern dass wir in unseren Seelengrund schauen und das Eins-Sein mit ihm erleben.
Diese wiederholte Behauptung, dass wir mit Christus und mit dem Vater eins sein werden, ist die letzte Unterweisung Jesu. Es sind seine letzten Worte zu den Aposteln vor seinem Tod. Die Geschichte Jesu endet in diesem unaussprechlichen Eins-Sein mit Gott.
Diese Worte stehen nicht isoliert in seinem Evangelium. Sein ganzes Evangelium ist eine konsequente Vorbereitung

dieser Botschaft, es ist auf diese alles entscheidende Nachricht hin aufgebaut. Das Eins-Werden mit Christus im Vater ist auf diese Weise die Kernbotschaft seines Evangeliums.

2. Gott wohnt in uns

Gottes Wohnort, als er die Israeliten in der Wüste führte, war eine Wolke, bis sie ihm ein Zelt als Wohnung errichteten. Viel später haben sie Gott einen Tempel gebaut, und die Gegenwart Gottes verlagerte sich auf den Tempel. Jesus findet diesen Tempel durch das Treiben der Geschäftsleute, durch Rinder, Schafe und die Tische von Geldwechslern entweiht. Er vertreibt die Tiere und die Kaufleute. Die Pharisäer fragen Jesus, wer ihn zu einer solchen Tat ermächtigt habe. Jesus antwortet, dass sich, wenn der Tempel so missbraucht werde, die Gegenwart Gottes vom Tempel entfernen und auf ihn übertragen werde: sein Körper werde der Wohnort Gottes sein. Doch sie würden die Gegenwart Gottes auch in seinem Körper zerstören, er werde jedoch den Tempel seines Körpers in drei Tagen wieder aufrichten. Hier geht es darum, wo die Gegenwart Gottes seinen Wohnort haben wird. Und Jesus sagt, dass die Gegenwart Gottes vom Tempel auf seinen Körper übertragen wird. Später in dem Gespräch über die Eucharistie sagt er, dass er in uns leben wird. Damit sagt er auch, dass Gott in uns wohnen wird (Joh 2,13–22; Joh 6,56). Ist das etwas anderes, als was er über das Eins-Sein mit ihm und mit dem Vater behauptet?

3. Das Eins-Sein ist schon verwirklicht

Einmal behauptet Jesus im Evangelium klar, dass dieses Eins-Sein schon jetzt verwirklicht ist. Wir sind schon eins mit Christus und mit dem Vater.

> »*Ich bin in meinem Vater, ihr seid in mir, und ich bin in euch*« (Joh 14,20).

Jesus hat oft davon gesprochen, dass der Vater in ihm ist. Er hat wohl immer dazu sagen wollen, dass auch wir in ihm und so auch im Vater sind. Dies hat er jedoch nicht gesagt, wahrscheinlich weil die Apostel zu der Zeit noch nicht darauf vorbereitet waren. Für die Zukunft, so haben wir gesehen, ist dieses Eins-Werden Ziel seiner Mission. Hier verrät er nur, dass diese »gegenseitige Gegenwart« jetzt schon existiert. Es kann auch nicht anders sein. Wenn wir jetzt nicht eins mit dem Vater sind, können wir nie eins mit ihm werden, denn Gott kann sich nicht ändern. Er kann nicht einmal nicht eins mit uns und später eins mit uns sein.

4. Die Eucharistie

Die Eucharistie ist ein ganz außergewöhnliches Zeichen, um in uns die Gegenwart Christi lebendig zu erhalten. Jesus hat uns in der Eucharistie seine lebendige Gegenwart hinterlassen: sein Fleisch und sein Blut als lebendiges Zeichen, das wir nicht nur anschauen, sondern zu uns nehmen und körperlich in uns aufnehmen können. Ein greifbares und effektives Zeichen des Eins-Werdens mit ihm.

»Ich bin das Brot des Lebens. Eure Väter haben in der Wüste das Manna gegessen und sind gestorben. So aber ist es mit dem Brot, das vom Himmel herabkommt: Wenn jemand davon isst, wird er nicht sterben. Ich bin das lebendige Brot, das vom Himmel herabgekommen ist. Wer von diesem Brot isst, wird in Ewigkeit leben. Das Brot, das ich geben werde, ist mein Fleisch, (ich gebe es hin) für das Leben der Welt« (Joh 6,48–51).

Dieses Sakrament, das Jesu Fleisch und Blut ist, das wir zu uns nehmen und in unseren Körper assimilieren, ist ein Bild des Eins-Werdens mit ihm. Es ist ein beeindruckendes Zeichen des Eins-Werdens. Wie das Brot, das wir zu uns nehmen, verdaut wird und in unseren Organismus aufgenommen wird, so dass es wirklich unser Körper wird, so ist Jesus das Brot des Lebens, mit dem wir in der Eucharistie eins werden.

Wir haben gesehen, dass wir auf dieser vierten Ebene der Seelenführung Jesu, unter der Führung des Meisters, die äußere Ebene der Welt verlassen, um in uns selbst, in unserer Seelenmitte Christus zu begegnen. Wir müssen unsere Aufmerksamkeit von der Aufmerksamkeit auf unserer Umgebung, auch von der Liturgie, auch von der Gemeinschaft, die noch in der Außenwelt sind, langsam auf uns selbst, langsam, nach und nach, ganz nach innen, auf unsere Seelenmitte richten, in der wir mit Christus eins sind. Es ist erstaunlich, wie klar das auch in der Eucharistiefeier ausgedrückt wird: Am Anfang ist die Liturgie des Wortes, wir hören die Lesungen und die Predigt. Anschließend kommen die Gabengebete, die von uns eine Hingabe verlangen. Danach wird Jesus in der Wandlung präsent, aber noch außerhalb von uns, und in der Kommunion kommt

er zu jedem von uns, und wir sind eingeladen, in Stille in uns hineinzuschauen und in seiner Gegenwart zu verweilen. Am Anfang der Eucharistiefeier vollziehen wir unsere Hingabe gemeinsam, wir singen gemeinsam, aber nach der Kommunion verweilen wir in Stille. Jeder lauscht in sich hinein und begegnet Jesus in seiner Seele. Das Eins-Werden wird liturgisch gefeiert.
Jesus erklärt dieses »Eins-Werden« unmissverständlich.

> »*Wer mein Fleisch isst und mein Blut trinkt, der bleibt in mir, und ich bleibe in ihm*« (Joh 6,56).

Dieses gegenseitige Ineinander-Weilen ist nur durch Identität, durch »Eins-Sein« möglich. Jesus verstärkt diese seine bereits klare Behauptung, indem er seine Identität mit uns mit seinem Eins-Sein mit dem Vater gleichstellt:

> »*Wie* mich der lebendige Vater gesandt hat, und *wie* ich durch den Vater lebe, *so* wird jeder, der mich isst, durch mich leben« (Joh 6,57).

Es ist eine radikale Aussage des Eins-Werdens mit Jesus. Das sieht man auch daran, dass nach diesen Worten viele Jünger Jesus verlassen haben. Sie finden diese Behauptung Jesu unmöglich. Für Petrus waren die Worte auch unerhört, aber dann sagt er, dass er die Worte Jesu doch akzeptiert:

> »Herr, zu wem sollen wir gehen? Du hast Worte des ewigen Lebens« (Joh 6,68).

5. Der Weinstock

Jesus sagt, dass wir nur deswegen effektiv arbeiten können, weil wir in ihm sind wie die Reben im Weinstock. Obwohl wir diesen Text schon gelesen haben, werde ich ihn hier nochmals zitieren:

> »Bleibt in mir, dann bleibe ich in euch. Wie die Rebe aus sich keine Frucht bringen kann, sondern nur *wenn sie am Weinstock bleibt, so könnt auch ihr keine Frucht bringen, wenn ihr nicht in mir bleibt.* Ich bin der Weinstock, ihr seid die Reben. *Wer in mir bleibt und in wem ich bleibe, der bringt reiche Frucht; denn getrennt von mir könnt ihr nichts vollbringen* (Joh 15,4–5).

Wie die Rebe eins mit dem Weinstock ist, so sind wir eins mit dem Sohn Gottes. Dieses Bild bezieht sich ganz besonders auf die Früchte unserer Arbeit. Wie die Reben ohne Weinstock keine Trauben tragen, nicht einmal lebendig bleiben können, ebenso können wir ohne ihn nichts machen. Wir sind eins mit ihm, und ebenso ist unser ganzes Leben und Tun eins mit seinem Leben und mit seinem Tun.

Hier können wir wieder ablesen, wie dieses Eins-Sein mit Christus mit zwei Behauptungen genau definiert wird. Er ist in uns und wir ihn ihm. Ein wechselseitiges »Ineinander-Sein«.

Er sagt nicht, dass wir das Eins-Sein mit ihm vollziehen sollen, sondern, dass wir das existierende Eins-Sein *bewahren* sollen: Wir sollen in diesem Eins-Sein *bleiben.*

> »*Bleibt in mir, dann bleibe ich in euch*« (V. 4)
> »*wer in mir bleibt, und in wem ich bleibe ...*« (V. 5)

Das Eins-Sein ist kein Bild, sondern eine klare Behauptung des wirklichen Eins-Seins.

6. Gott ist die Liebe

In den Johannesbriefen lesen wir zweimal, dass Gott die Liebe ist. Auch damit sprengt Gott die Grenzen unseres Verstandes und die Grenzen der geschaffenen Welt. Denn in der geschaffenen Welt gibt es Liebe nur zwischen einem Subjekt, das liebt, und einer anderen Person oder einem anderen Objekt, die oder das geliebt wird. Wenn unsere Liebe sehr groß ist, dann können wir uns sehr nahekommen. Aber keiner von uns kann die Liebe selbst sein. In unserer Welt sind für die Liebe wenigstens zwei voneinander unabhängige Personen notwendig, wie wir das schon gesehen haben. Auf der vierten Ebene der Seelenführung Jesu werden wir langsam dazu geführt, dass wir die Grenzen der Dualität unserer geschaffenen Welt durchschreiten.

> »Niemand hat Gott je geschaut; wenn wir einander lieben, *bleibt Gott in uns, und seine Liebe ist in uns vollendet«* (1 Joh 4,12).

> »Wer nicht liebt, hat Gott nicht erkannt; *denn Gott ist die Liebe«* (1 Joh 4,8).

> »*Gott ist die Liebe, und wer in der Liebe bleibt, bleibt in Gott, und Gott bleibt in ihm«* (1 Joh 4,16b).

Hier geht es auch nicht mehr um das Eins-Werden, sondern um das Eins-Bleiben.

III. Die Begleiter und die Begleiteten

1. Wie müssen sich diejenigen verhalten, die auf diesem Weg sind?

Sie müssen eigentlich nichts machen, sondern weiter dort leben, wo Gott sie hingestellt hat. Sie müssen jedoch eine so unbändige Sehnsucht nach Gott haben, dass sie in diesem Leben nichts anderes wollen und nichts anderes wünschen als nur Gott selbst. Erst hier gelangt die Einladung Christi »Verkaufe alles, was du hast« zu ihrem Gipfel. Hier heißt es, auf der Erde alles vollständig losgelassen zu haben und nur Gott zu suchen. Hier verlagern sich die letzten Schätze der Erde auf das Himmelreich. Wirklich nichts anderes verstehen wollen, erreichen wollen oder erwarten, suchen oder wünschen als nur Christus selbst. Hier wird die Absicht erst wirklich rein: Allein die Liebe Christi lohnt sich und nichts anderes. Ganz für Gott leben. Noch hier auf Erden leben, aber das Zuhause schon drüben haben. Das schließt aber ein sehr engagiertes Leben hier auf Erden nicht aus, wie das Beispiel von vielen Heiligen zeigt.

Alles, was ein Mensch dafür braucht, ist schon im Herzen präsent. Man kann aber Hilfe benötigen, um den richtigen Weg zu gehen. Jesus hat vom Schatz gesprochen, der tief im Acker begraben war. Wenn dieser Schatz tief in der Erde liegt, aber der Sucher ständig neue und oberflächliche Löcher bohrt und weitergeht, weil er den Schatz nicht gefunden hat, kann er sich ewig bemühen, aber er wird immer am Schatz vorbeigehen. So können wir auch wissen, dass der Schatz des Himmels *in uns* ist; wenn wir uns je-

doch immer nach außen wenden und ihn immer außerhalb von uns suchen, werden wir ihn nie finden.
Wer Gott sucht, muss sich ganz nach innen wenden. Nur in der heiligen Stille kann er Gott finden. Er muss sich ständig auf Gott ausrichten, immer ihn vor Augen haben und dauernd sich selbst ganz vergessen, bis er Gott, seinen wahren Schatz, findet. Wir suchen Gott fast immer auf eine intellektuelle Weise. Wir wollen ihn verstehen und wissen, wer er ist und wo er ist. So kann man Gott nicht finden. Gott ist in unseren Herzen. Nur die Stille mit der Ausrichtung nach innen führt dorthin. Die Stille hält die Seele fern von Gedanken und Vorstellungen. In dieser heiligen Stille begegnen wir Christus in uns. Der Friede, der alles Verstehen übersteigt, führt zu Christus in uns. Gottes Gegenwart kann nur aufleuchten, wenn der Verstand still ist. Gott existiert jenseits von Doktrinen. Die Stille ist der Wegweiser. Beständig zum Einen schauen, der immer gegenwärtig ist. Mehr braucht man nicht.

2. Wie müssen die Begleiter auf diesem Weg hin zum Eins-Werden führen?

Begleiterinnen oder Begleiter, zu denen Menschen kommen, die auf diesem Weg der Vereinigung sind, müssen auf jeden Fall selber auf diese Vereinigung hin ausgerichtet leben und hier auf Erden nichts anderes weder suchen noch wünschen. Alles, was die Begleiter über diesen Weg der Einigung wissen müssen, ist in den Schriften des heiligen Johannes vom Kreuz und der heiligen Teresa von Avila klar beschrieben. Und das, was man wissen muss, ist sehr einfach. Viel darüber lesen ist nicht die richtige Lösung.

Die Begleiter müssen wissen, dass hier die Seele durch eine Zeit geführt wird, in der sie unter der Abwesenheit Gottes leidet. Sie empfindet eine leidenschaftliche Sehnsucht nach Gott und erlebt zugleich, als hätte Gott sie für ewig und unwiderruflich verlassen. Diese Krise kommt jedoch nicht mehr von der persönlichen Vergangenheit, sondern davon, dass wir Geschöpfe sind und uns ganz aufgeben müssen, um von Gott in sein Leben hineingenommen zu werden. Das kann jedoch eine Zeit lang als sehr bedrohlich erlebt werden.

Die Kirche unterscheidet zwischen der heiligmachenden Gnade, die uns heiligt, uns in Gott umwandelt (*gratia gratum faciens*), und der Gnade, die uns nicht heiligt, sondern die für das Wohl der anderen gegeben ist (*gratia gratis data*). Sie ist mit den Aufgaben verbunden, die jemand für andere bekommt: Visionen, Heilkräfte, hellseherische Fähigkeiten usw. Es muss klar sein, dass diese für den persönlichen Weg nicht nötig sind. Diese Gaben soll man auch nicht anstreben. Einer ist nicht heiliger, weil er z.B. Hellseher ist. Die Heiligkeit, das heißt das Eins-Sein mit Gott, ist etwas anderes.

Es muss klar sein, dass Gott ganz einfach *ist.* In Gott und auf dem Weg zu Gott gibt es keine Stufen, die es zu erklimmen gilt. Der Weg zu Gott ist der Weg der Hingabe. Ich betone es nochmals: Es gibt auf diesem Weg keine spirituellen Stufen, die man selber – oder mit Hilfe von anderen – erreichen oder wünschen soll. Solche vermeintlichen Stufen gehören immer zur Schöpfung und nicht zum Eins-Sein mit Christus.

Die geistliche Begleitung selbst geschieht mit der wachen Gegenwart und in Stille. Ausgenommen sind einige wenige Korrekturen, die zum Wesentlichen hin orientieren. Die hellwache Gegenwart der Begleiterinnen und Begleiter führt die Begleiteten auf dem Weg zu Gott, das heißt dahin, nach innen zu schauen, den Blick nach innen zu wenden. Die intensivste geistliche Führung und Unterweisung ist die Stille.

Die Begleiterinnen und die Begleiter könnten von der Sterbebegleitung lernen. Wer einen Sterbenden in den letzten Stunden begleitet, weiß, dass er dem Sterbenden keine Erklärungen geben und ihn nicht unterweisen muss, wie er sterben soll. Sie oder er muss nur sehr wach gegenwärtig und ganz präsent sein, sich selber Jesus Christus ganz zuwenden. Die Begleiterin oder der Begleiter braucht nur innerlich in der Gegenwart Gottes zu verweilen und genauso wach in der Gegenwart bei dem Sterbenden zu sein. Die geistliche Begleitung in diesem letzten Stadium besteht in der stillen Gegenwart. So begleitet man auch die Menschen, die sich ganz Gott gegeben haben und in dieser Welt nur ihn suchen.

Die Muttergottes hat Jesus auf seinem Kreuzweg still und einfühlsam leidend begleitet. Sie hat kein Wort gesagt. Sie war dabei vom Kreuztragen bis zum Schließen des Grabes. Wir verehren sie deswegen als die schmerzhafte Mutter, aber nicht als die verzweifelte Mutter. Mit ihrer Gegenwart hat sie Jesus die größte Hilfe zukommen lassen, die er überhaupt von einem Menschen in seinem Leiden für die Erlösung bekommen konnte.

Alle vier Kapitel beschreiben Einladungen Jesu, uns auf den Weg zu ihm und zum Vater zu machen, wie Jesus in der Geheimen Offenbarung sagt:

»Ich stehe vor der Tür und klopfe an. Wer meine Stimme hört und die Tür öffnet, bei dem werde ich eintreten, und wir werden Mahl halten, ich mit ihm und er mit mir« (Offb 3,20).